學習機智應對問題，提升表達
在工作中無往不利

Art of speaking

縱橫職場的
說話藝術

每次交流都代表機會　　　　于木魚 著

掌握即興表達的技巧，打造流暢對話
精準表達想法，溝通不再有誤會
以自信從容的表現，贏得滿堂喝采
抓住重點，避免離題
讓你的聲音成為職場利器

目 錄

前言
Part1　有重點：抓住關鍵，精準表達

014　說不出口，先有結論再表達
018　說話囉唆，先說重點再補充
022　說話離題，一個妙招幫你抓牢核心點
027　說話語無倫次，一個框架幫你精準表達
031　說了後悔，提前構思表達思路
037　新入職，怎樣做自我介紹才能讓大家印象深刻？
041　見客戶，怎樣談對方更願意合作？
045　工作彙報，怎樣說才能突出自我優勢？
051　尾牙上，作為優秀員工如何發表得獎感言？

目錄

Part2　有邏輯：內容嚴謹，清晰表達

056　說話沒有條理，一個技巧拿來就用
059　語言組織能力差，一套表達模板輕鬆解決
066　別人聽不懂，當眾表達有訣竅
069　萬能表達方式，讓所有人都喜歡你
073　牢記三個原則，隨時隨地保持邏輯清晰
076　說話有條理，在職場中更受歡迎
078　邏輯思維清晰，更快完成工作目標
081　目標導向型表達，讓你快速晉升
088　向下溝通有方法，管理員工更輕鬆

Part3　有應對：輕鬆應對任何提問

- 092　面對突然提問，三個套路幫你清晰表達
- 096　遇到陌生話題，一招幫你輕鬆應對
- 098　不想回答別人的提問，教你一招迴避追問
- 102　主管提問，抓住關鍵句就可以應對自如
- 104　主管說話態度差，緩解情緒只需一句話
- 106　主管說話猜不透，運用反問聽懂「內涵」
- 108　面試官丟擲一個沒有準備的問題，怎樣回答才不尷尬？
- 110　面試官問為什麼從前公司離職，怎樣完美回答？
- 112　面試官問是否已婚，怎樣機智應對？

目錄

Part4　有話說：拒絕沉默，合理表達

116　一群人突然沉默，如何化解尷尬？

120　第一次和客戶見面，如何保持愉快氛圍？

124　與主管一起坐車，如何不冷場？

127　多年不見的朋友相聚，如何製造話題？

131　聚會時有人發生爭執，如何平復大家的情緒？

135　遇到「吵架王」開始爭執，如何讓對方冷靜？

139　有人打聽你的薪資，如何機智回應？

143　別人問女生年齡，女生不願說，如何回覆或救援？

145　被人過度誇獎，如何自然地回應？

Part5　有即興：隨時隨地從容表達

- 148　儲備草稿，即興表達心不慌
- 151　四個表達模板，即興表達有條不紊
- 157　這樣玩遊戲，能提升即興表達能力
- 163　即興表達如何開場？三步讓你一開口就獲得關注
- 166　即興表達如何製造高潮？五招幫你贏得滿堂喝采
- 171　即興表達如何收尾？一個技巧讓人聽了還想聽
- 174　飯局上突然被要求「講兩句」，怎樣說顯得不怯場？
- 177　臨時發表得獎，如何做到面面俱到？
- 179　面對會議上突如其來的提問，如何清晰回應？

目錄

前言

前言

　　人們在表達中總是有各式各樣的困擾，比如表達不流暢、不完整、語無倫次、沒有重點等。非常是在職場中，表達沒有重點的人，往往工作效率低下，溝通成本過高。尤其是在工作彙報、工作總結等不可避免的重要場合中，沒有重點的表達更為致命。你的表達是不是也總是沒有重點？那你需要這本書，幫助你抓住關鍵，精準表達。

　　還有些人喜歡說話，喜歡與別人分享，但不是所有的侃侃而談都受他人歡迎。有些人的侃侃而談總是說不到點子上，這樣很容易給人一種感覺：我不知道你在說什麼。這導致我們不能與他人進行順暢的交流。而具備邏輯性的表達通常有一定的線索，跟著這條線索，聽眾就能比較輕鬆地理解你表達的內容。如果你的表達也總是沒有邏輯，那你需要這本書，幫助你理順思路，清晰表達。

　　無論是在工作還是在生活中，總會有一些意想不到的突發事件出現，比如工作中主管突然間丟擲了一個我們不知道如何應對的問題，比如生活中家人突然間問了一個我們不想回答的問題，再比如朋友突然問了一個尷尬的問題，導致「空氣突然安靜」。在這些突如其來的場景中，我們怎樣做才能很好地緩解尷尬呢？閱讀這本書，幫你輕鬆應對任何提問。

在人與人之間的交往過程中，最尷尬的情況莫過於兩個人坐在一起沒話說。人與人之間最遙遠的距離不是地域距離，而是我明明就在你的旁邊，卻不知道應該說什麼。我們應該怎樣應對這種「尬聊」呢？這本書可以幫助你打破沉默，合理表達，做到隨時隨地有話說。

很多人都被即興表達困擾著，害怕開會時主管的臨時發問，擔心正式場合的臨時分享，不知道該如何從容地應對。這大多是因為，突然的表達會讓發言者心裡沒底，如果即興表達缺少方法和框架，那麼表達者就很難自如地應對。你是不是也有這樣的困擾呢？本書教給你即興表達的框架邏輯，讓你隨時隨地從容表達。

這是一本通俗易懂的工具書，可以隨時隨地翻閱。本書從上面提到的「有重點」、「有邏輯」、「有應對」、「有話說」、「有即興」5個方面幫你全方面提升表達能力。相比枯燥的方法論類的書，本書中有大量的人物故事和場景案例，你可以學習多種場景下表達的恰當方式和實際演練方案，從而獲得直接、快捷、有效的幫助。

前言

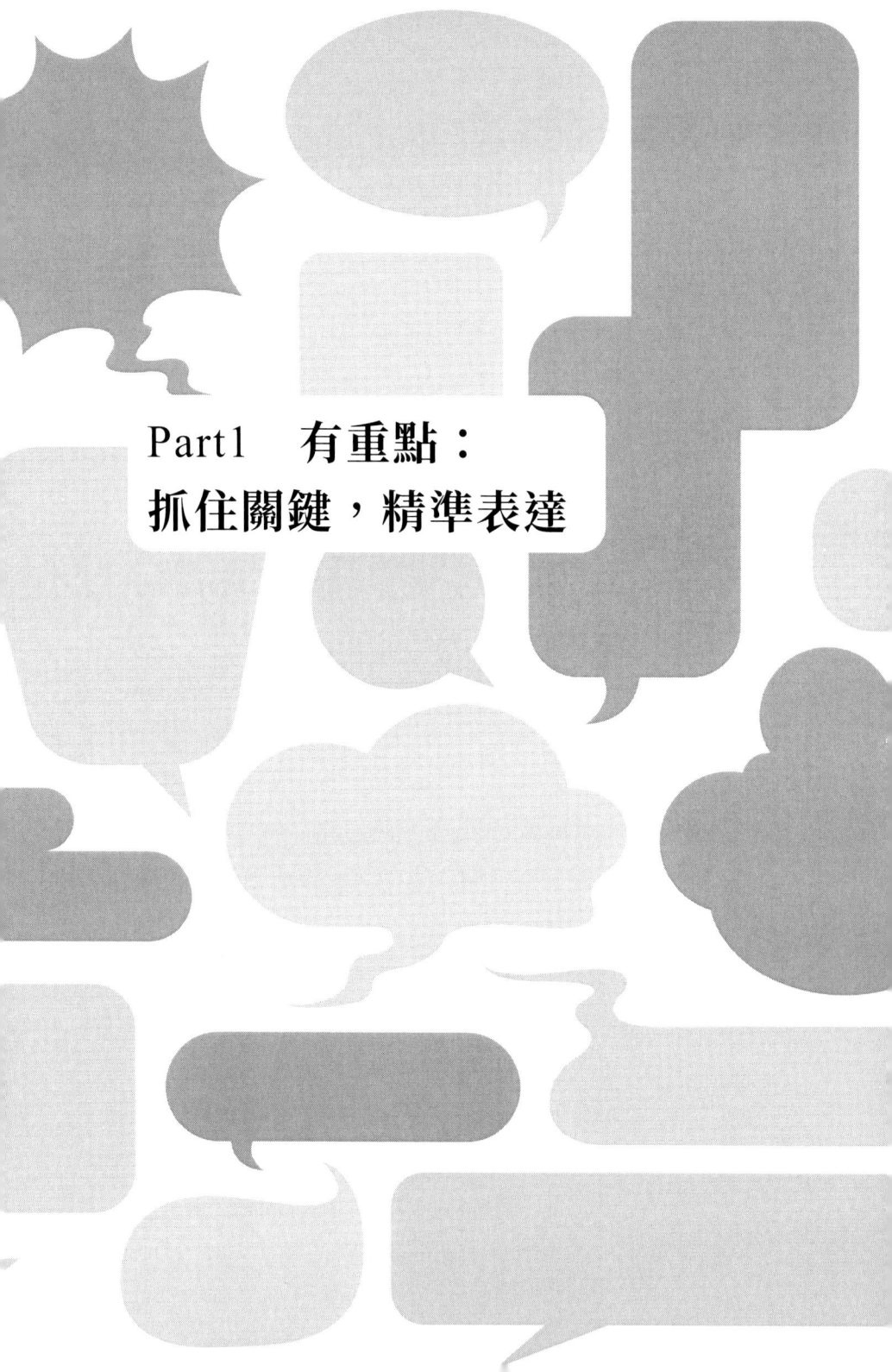

Part1　有重點：
抓住關鍵，精準表達

Part1　有重點：抓住關鍵，精準表達

說不出口，先有結論再表達

在職場中，我們經常會有這樣的困惑。同樣是給主管彙報工作，有些人彙報過後主管連連稱讚；有些人還沒等彙報完，中途就被主管直接打斷，並且主管還非常不耐煩地表示不想再聽下去了。遇到這樣的情況，彙報人也很難再開口表達下去了。

在彙報中，讓彙報人無法再繼續說出口的一定不是彙報內容本身，而是主管聽到彙報後的反應。這類彙報人，並不清楚主管最想聽什麼訊息，所以才會有類似的事情出現。

胡新是公司的銷售主管，雖然銷售業績一直不錯，但是一到月度總結的時候他就頭痛。這次月度總結他又被主管批評了。

胡新：「各位主管好，我來彙報一下我們銷售一組這個月的業績情況。我們這個月工作得很艱難，整整一週都沒有任何的業績更新。主要的原因有兩個，一個是我們一組人手嚴重不足，因為有兩個人離職了。另一個是客戶都被離職的老員工張強帶走了，所以，才會有一週的困難期，之後的一週⋯⋯」

老闆:「好了好了,你別說了,你們業績不是第一嗎?你這半天都講了什麼?」

胡新:「我就是說……」

老闆:「你別說了。好了,下班前交資料給我。散會吧。」

胡新的彙報問題到底出在哪兒?我想大家不難發現,胡新講了半天都沒有講到結論,一直在講原因。所以,主管聽了半天都不知道胡新要說什麼,索性就不聽了,還是回去看資料快一些。

有很多職場人在彙報工作的時候,會跟案例中的胡新犯同樣的錯誤,解決這個問題的方法非常簡單,就是**首先要做到以終為始,結論先行**。華商基業創始人王琳在《結構性思維》一書中,提出結論先行的理論,指的是表達者要先將事情的結論交代清楚,再交代原因,這樣可以節省表達者和聽眾雙方的時間成本,更好地促進下一步的溝通。

■ Part1　有重點：抓住關鍵，精準表達

只談原因，不談結論　　　結論前置，再談原因

　　如果將胡新的表達內容提煉出結論，將重點的業績、指標、內容，總結成一句話，讓別人快速理解，且將結論前置，這樣就可以讓主管安心聽完了。

　　比如可以這樣說：

　　「各位主管好，我來彙報一下我們銷售一組這個月整體的業績情況。整體而言，我們的業績達到了 100 萬，超出公司制定的業績標準的 20%。

　　「但其實我們能夠達到這樣一個業績，也確實來之不易。首先，在這個月第一週的時候我們沒有一筆成交，主要是因為我們的老員工帶走了我們很多核心客戶。同時，還有兩位員工在月初的時候離職了。無論是資源還是人手都不

足。但我這邊快速組織了內部會議，重新盤點資源和樹立目標，大家也非常配合，非常團結，沒想到我們在第二週就完成了 40 萬。這是一次歷史新高。之後的兩週又很順利地完成了 60 萬，所以才有這次的好成績。

「下個月我們的計畫一共有 3 個，第一個是業績要達到 90 萬，第二個是拓展 3 個大客戶，第三個是應徵兩位新同事。」

將胡新的工作彙報進行了這樣的調整之後，就顯得有重點又有條理。如果只有 30 秒鐘的時間，他只需要說「我們的業績達到了 100 萬，超出公司制定的業績的 20%」就可以了。即使是時間比較長的工作彙報，當這一句一出現，主管就領會到了重點，也就更願意往下聽。

所以，要想彙報工作的時候又快又高效，就一定要做到結論先行，將複雜的訊息簡單化，簡單到只有一句話。

Part1　有重點：抓住關鍵，精準表達

說話囉唆，先說重點再補充

　　王麗是某公司的一名負責技術的職員，因為董事長的祕書小劉這幾天生病了，於是公司安排王麗代替小劉幾天。結果沒想到，王麗只做了不到一天，董事長就不滿意地換掉她了。事情的經過是這樣的：

　　王麗：「董事長，您還記得老古吧？哎呀，他要離職了，我看他也是老員工，要不然我們幫他想辦法幫幫忙呀？」

　　董事長：「你想說什麼？」

　　王麗：「哎呀，其實這件事也挺不好意思的，我覺得他家裡蠻不容易的，本來離職了想再找個好工作，結果家裡出了點事。」

　　董事長：「你是什麼意思？」

　　王麗：「董事長，這業務部部長也拿不定主意，我就覺得老古是挺好的老同事啊，再考慮考慮啊⋯⋯」

　　董事長：「你明天不用代替小劉的班了⋯⋯」

　　我想看到這裡，大家一定都看出來為什麼董事長會感到不耐煩了。王麗犯了一個在職場中很致命的錯誤──說話

無重點。董事長聽了半天都不知道王麗到底要說什麼，而王麗到最後都不知道自己為什麼被換掉。

時間就是生命，非常是在職場中，人們非常注重時間，如果不能在很短的時間內把工作的重點彙報出來，就是在浪費彼此的生命。並且，職位越高處理的事情越多，時間就越緊，主管沒有時間聽沒有重點的表達，並且不需要員工替他做決定。王麗正是犯了這兩大禁忌，才被調走的。怎樣表達既能夠有重點，又能夠不替主管做決定，還能表達自己的想法呢？可以嘗試「**先說重點，再詢問**」的方式。

王麗：「董事長您好，業務部部長想見您，主要事件是：之前打算離職的老同事老古，現在因為家庭原因不想離職了，業務部部長拿不定主意是否能留下老古。您看您是否方便見一下業務部部長？」

如果這樣表達，只是客觀陳述一個事實，同時又把最重點的「業務部部長要見面」這件事情交代清楚，然後詢問主管建議，就可以了。無論是否接見，是否留下老古，最終都需要主管自己來做決定，這不屬於祕書的工作範圍。

有重點的客觀表達在職場當中非常重要，不僅面對主管如此，面對客戶也是如此。

麥肯錫公司（McKinsey & Company）是全球知名的諮商

Part1　有重點：抓住關鍵，精準表達

公司，麥肯錫有一個很經典的 30 秒鐘電梯理論，驗證了先說重點的重要性。

麥肯錫公司成立早期，有一個員工約了一位重要客戶。客戶的時間非常緊張，事先已經告知了麥肯錫團隊，這次的談話只有 10 分鐘的時間。麥肯錫團隊覺得 10 分鐘完全夠用，於是這位員工信心滿滿地去面見客戶。結果非常不湊巧，見到客戶的時候他正要出去，客戶說：「實在不好意思，我有個非常緊急的事情要馬上處理。之前說給您 10 分鐘的時間無法做到了。這樣，我的時間只有從這裡到 1 樓的這段時間，大概也就 30 秒吧。您就在坐電梯的這段時間裡跟我說一下吧。」

這位員工很緊張，所以沒有好好把握這 30 秒鐘的時間，最後，丟掉了這個單子。因為這件事情，麥肯錫團隊開了一次非常重要的會議。既然使用者有需求，我們就要滿足，使用者只有 30 秒鐘的時間，那就在 30 秒鐘內解決問題。所以，麥肯錫公司開會決定，與客戶溝通時將內容重點前置，不論對方是否有時間都要先說重點。

換個角度來想，主管與客戶有非常相似的地方，大多都是時間緊、任務重，所以為了節省彼此的時間，說話先說重點慢慢成了職場上的溝通法則。如果主管聽我們說話的時候

很明顯地表現出不耐煩的情緒,那作為職場人的我們一定要警覺,主管的不耐煩非常有可能是因為我們的表達缺少重點,正在浪費主管的時間。

我們對自己說話是否有重點的考核也非常簡單,就是看能否在 30 秒鐘的時間內將最重要的部分表達清晰,如果不能,就要掌握更快速、更有效率的表達方式。

Part1　有重點：抓住關鍵，精準表達

說話離題，
一個妙招幫你抓牢核心點

說話離題是很多人的通病，不僅使自己的表達效率低下，同時也給接收訊息的一方造成了困擾。

黃飛看了一場電影後，對朋友金怡說：「這個電影實在太好看了。我跟你說說裡面的精彩情節。」

金怡也是一個電影迷，於是很期待黃飛的分享，連連點頭。

黃飛接著說：「男主角非常厲害，一開始的時候，他發現了壞人，然後獨自去救女主角，再然後，咦，說到這裡我想起來之前看過的一個電影，非常相似，那個情節好像也是這個樣子的……」

金怡聽不下去了，打斷黃飛說：「你講昨天看的電影，怎麼還講其他電影呢？有點混亂……」

不論是在生活還是工作中，很多人都會遇到類似的情況，講著講著就不知道自己講什麼了。如果像上一個案例一樣，是朋友之間的溝通，那對方或許還可以忍受，畢竟朋友

之間不會計較太多。但如果是在工作場合中，這樣發言必定會引起聽眾的反感。

王京是某公司的一名業務部主管，平時要處理很多往來業務，一年下來工作做得也非常出色。這次尾牙，老闆特意在會議上表揚了王京，並邀請王京來給大家做一下經驗分享。王京是一個表達能力還不錯的人，即使是即興表達，他也可以說上兩句，但是不管是有準備還是沒有準備的情況下，不管王京看起來多麼侃侃而談，下面的觀眾從來都不喜歡聽他說話。這次，王京一上臺，下面就有一些同事開始嘆氣，交頭接耳：「唉，這下子好了，尾牙又要延後結束時間了，這傢伙實在是太能講了，而且每次都不知道他在講什麼。」

王京：「非常感謝老闆對我的認可，其實我真的挺意外能夠有機會在這裡進行分享。我在公司大概待了有3年的時間，在這3年裡，我見到了很多人很多事，比如說有一次（此處省略3分鐘）……之後，我終於在公司中獲得了肯定……」

老闆：「小王，你的業務水準是真的很好，但是話也太多了，要是能講講重點就好了，我們今天時間有限就到這裡了。感謝王京的分享。」

Part1　有重點：抓住關鍵，精準表達

　　王京下臺後，同事們又在竊竊私語：「果然，不明白這幾分鐘他講了什麼，好像什麼都說了，又好像什麼都沒說。」

　　王京是大家印象中「口才好」的人，同事們都知道他的「侃侃而談」，但是沒人願意聽他說話。因為他的表達中缺少重點，廢話一大堆，一直在離題。我想誰也不願意獲得這樣的「滔滔不絕」的稱號。而在生活中，像王京這樣侃侃而談、滔滔不絕、毫不怯場，卻無法給別人留下好印象的人也不在少數。因為這樣的表達永遠讓人摸不著頭緒。

　　其實，**解決講話離題的問題並不難，一招就可以搞定，這招叫 —— 關心**。關心有兩層含義，一層是在表達的過程中，關鍵詞在自己心中；另一層是在表達時，關心別人想聽什麼。

　　「關鍵詞在我心」的技巧非常好用。只要我們在表達的過程中，心中只想著這一個關鍵詞，那麼即使我們講得再多，也不會偏離這個關鍵詞。比如，我們對王京剛才的講話內容進行調整，將其注入一個關鍵詞：感恩。那整體的分享基調就會變得完全不同。

　　「非常感謝老闆對我的認可，其實我真的挺意外自己能夠有機會在這裡進行分享。我此時此刻確實有點激動。在公

司工作3年以來，我只想表達一個詞『感恩』。3年前我還是一個什麼都不會、什麼都不懂的毛頭小子，而這3年的時間，公司對我的栽培讓我銘記於心。誰會給一個工作經驗不豐富的人海外交流的機會呢？我們公司給，那次海外交流讓我大開眼界，回來後，我整個人像脫胎換骨一樣。這次交流顛覆了我對整個行業的理解。感恩公司給我的機會。再次感恩大家，感恩公司，謝謝大家。」

　　如果王京使用這種以關鍵詞為中心的方式進行表達，至少不會再讓別人聽得不耐煩了，也不會自己講著講著就離題了。不過，單單只圍繞著關鍵詞進行表達，雖然可以幫助大家在不離題方面得到幫助。但是表達不僅僅需要有重點，還需要有趣味，要讓觀眾喜歡聽。剛才使用關鍵詞「感恩」進行的表達，只有對公司的感恩之情，卻沒有任何與臺下同事有關的訊息。

　　因此，我們還需要利用「關心」的第二層含義：關心別人想聽什麼。在王京的分享中，同事最喜歡聽什麼呢？一定是與自己有關的訊息。實際上，所有人都喜歡聽跟自己有關的內容。因此，王京的表達在剛才的基礎上還可以這樣補充一段：

　　「⋯⋯（前面省略）感恩公司給我的機會。同時，我也

Part1　有重點：抓住關鍵，精準表達

要感恩我的團隊，如果不是團隊當中每一個人給我支持，我現在也不會站在這裡。我還記得為了談一個大客戶，小張幫客戶忙前忙後到半夜，最後終於挽留住了這個客戶。我也記得我們為了去投標，大家整晚不睡覺為了趕出一個完美的方案。所以，這個獎一定是大家的。最後，我也要感恩在場其他部門的主管和同事，對我們部門的大力支持，沒有你們做堅強的後盾，就沒有今天的我們。感恩大家的幫助，謝謝大家。」

這樣調整之後的表達既不離題，又表達了對公司和同事的感恩，讓大家都感受到這次分享和自己息息相關，於是大家也就更願意聽了。

說話語無倫次，一個框架幫你精準表達

王新：「面試官，你好。」

面試官：「你好，準備好了就可以開始自我介紹了。」

王新：「好的。各位面試官好，我叫王新，我是剛畢業的學生，我之前有過實習經歷⋯⋯大二的時候有過，不對，大一我就已經開始實習了。大三的時候我去了一家網際網路公司，不對，是大四的時候去的。大二我就希望能加入⋯⋯」

面試官：「小夥子，這樣，你可能還沒準備好。我們下次有機會再聊。」

很多人都有過跟王新一樣的經歷，不僅僅是在面試當中，還有其他重要的時刻，就變得語無倫次。主要原因是重要場合讓人非常重視的同時，也會讓人非常緊張。因為緊張，即使提前準備好了，表達也會變得沒有邏輯，導致說話語無倫次。而要解決說話時缺少邏輯條理的問題，有一個很**實用、很簡單的框架可以幫助我們**，那就是 —— 時間線。

時間線這個簡單的表達框架，蘊含在很多的表達方式中，只是通常以不同形態出現。

馬雲在表達時，就喜歡使用時間框架來表達：阿里巴巴成立之前⋯⋯阿里巴巴成立初期⋯⋯阿里巴巴成立5年後⋯⋯

同樣地，賈伯斯（Jobs）在 *Stay Hungry, Stay foolish*（求知若飢，虛心若愚）這篇經典的演講中充分使用了時間線的表達框架。

Stay Hungry, Stay foolish（節選）

第一個故事，是關於人生中的點點滴滴如何串聯在一起。

我在里德學院（Reed College）待了6個月就休學了。到我退學前，一共休學了18個月。那麼，我為什麼休學？

這得從我出生前講起。

我的親生母親當時是個研究生，年輕的未婚媽媽，所以她決定讓別人收養我。她堅持認為應該讓已經大學畢業的人收養我，所以我出生時，她就準備讓我被一對律師夫婦收養。但是這對夫妻到了最後一刻反悔了，他們想收養女孩。所以在等待收養名單上的另一對夫妻，我的養父母，在一天半夜裡接到了一通電話，我的親生母親問他們：「有一名意

外出生的男孩，你們要認養他嗎？」他們回答：「當然要。」後來，我的生母發現，我現在的媽媽並沒有大學畢業，我現在的爸爸則連高中都沒有讀完。她最後拒絕在認養檔案上簽字。直到幾個月後，我的養父母保證將來一定會讓我上大學，她的態度才有所緩和。

17年後，我上大學了。但是當時我無知地選了一所學費幾乎跟史丹佛一樣貴的大學，我那屬於工人階級的父母將所有積蓄都花在了我的學費上。6個月後，我看不出唸書的價值何在。那時候，我不知道自己這輩子要幹什麼，也不知道念大學能對我有什麼幫助，只知道我為了唸書，花光了我父母這輩子的所有積蓄，所以我決定休學，相信船到橋頭自然直。

當時這個決定看來相當可怕，可是現在看來，那是我這輩子做過最好的決定。

當我休學之後，我再也不用上我沒興趣的必修課，而把時間拿去聽那些我有興趣的課。

他的演講從出生講到上大學，然後到休學，這就是一種時間線的表達框架。按照時間線的框架進行表達，可以幫助我們解決說話語無倫次的問題，做到精準表達。就如王新的案例，我們可以使用時間線表達框架進行調整。

王新:「各位面試官好,我叫王新,是一名剛剛畢業的大學生,我的專業是演算法技術應用。在校期間我有過三段網際網路公司實習的經歷。第一段是在大一下學期的時候⋯⋯第二段是在大二剛開學時⋯⋯第三段是在大四的時候⋯⋯」

按照時間線框架進行表達,可以讓我們避免語無倫次,從而做到有條理地清晰表達。

說了後悔，
提前構思表達思路

有些人表示，自己不敢在重要場合發言，因為擔心自己說錯話，一說完就後悔，所以在需要表達的場合，經常退縮，不敢說話。

胡小飛是一家貿易公司的財務人員，在公司裡非常不愛說話。除了必要的財務工作內容說明，其他時候他都不開口說話。甚至對於一些工作事項，能書面溝通的他就絕對不當面說明。

有一次，有一位同事有很著急的財務問題要問他，於是直接跑到了他的辦公室，想快點解決。

同事：「胡會計，你看看，這部分能不能提前轉帳，客戶實在是很急，這也是我們即將發展的一個大客戶。」

胡小飛：「這個……呃……不清楚，制度上……行嗎……我之後跟你在 WeChat 上說吧。」胡小飛的回答讓人摸不著頭緒。

同事：「啊？到底行不行？」

Part1　有重點：抓住關鍵，精準表達

胡小飛：「回去吧，WeChat 上回覆你。」

同事很不開心地走了。

胡小飛非常懊惱，明明很簡單的問題，可是自己每次一開口就說不清楚了，只能書面溝通。胡小飛一直覺得自己有語言障礙，以前在與人交往的時候，他也很想說話，但是每次都不知道要說什麼，沒什麼思路，好像腦海當中都是零散的點，串不成一條線似的。所以，他說話時也就支支吾吾的。

胡小飛面對同事時表達不清的情況，主要是因為他沒有一個清晰的表達思路，所以一些要點總是被漏掉或者沒說清楚，事後回想的時候才後悔，久而久之就不願表達了。

我們的表達其實一直追求的是「想清楚、說明白」這 6 個字。這 6 個字看起來容易，實則不簡單。首先，這是兩個能力，想清楚是思維能力，說明白是表達能力。因此就會出現一些有趣的現象，有些人想不清楚，說不明白，這樣的人首先應提升思維能力；有些人是想得清楚，說不明白，這樣的人應當提高的是表達能力；還有些人是想得清楚，說得明白，這樣的人是我們希望成為的人。胡小飛是第一種：想不清楚，說不明白。沒有思緒，想都沒想好，那就更難進行表達。

所以，要想表達好，就要先想清楚。想清楚這種思維能力鍛鍊起來沒有那麼容易，這裡我有一個簡單易上手的框架，可以幫助大家快速入門，解決常規性的表達問題。

公式：觀點＋分條說明＋結論＋如何解決（可能性）。

觀點：表達出自己的想法或者看法，也是本次說話的重點和中心思想。

分條說明：對觀點進行解釋說明，證明自己的觀點有理有據，並且用「數字＋內容」的方式更加清晰地表達出來。

結論：總結結論。

如何解決（可能性）：必要的時候，可以給出一些建議，或者分析事情進展的可能性。

Part1　有重點：抓住關鍵，精準表達

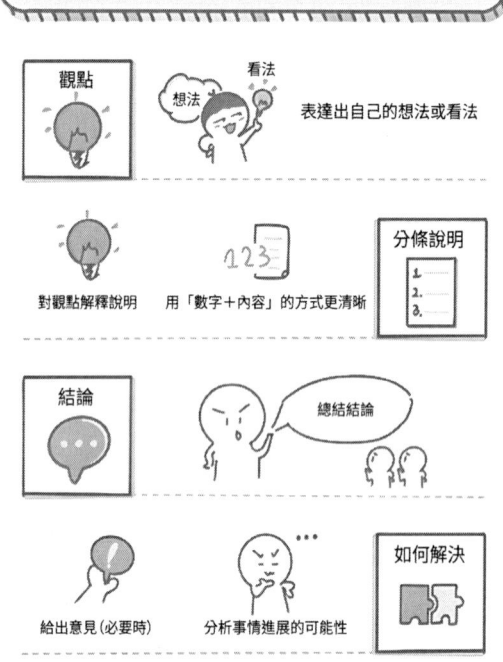

　　無論是私下溝通還是當眾說話，都可以按照這個公式來梳理思路，從而清晰表達內容。就拿胡小飛的例子來說明，進行公式的套用後，可以這樣表達：

　　這個預算的審批可能比較難。主要有兩方面的難度：第一，公司所有的預算都必須走流程，這在 3 天前的會議上王總已經強調過了。第二，這筆預算金額很大，從別的管道臨

時支來這筆預算比較難,所以審批難度比較大,非常是我這裡就更麻煩了,也不太符合流程。不過,有一個方法你可以試試,你可以問一下負責你們這個專案的部長,讓他跟公司提交臨時申請,如果公司同意,我這邊會做優先處理。不過,按照慣例,即使審批通過了,走完過帳流程也需要兩天。我只能說這種情況下,在我的環節我會快速處理,但是其他環節,我很難預測。要不你先試試去跟你們部長說一下吧。

按照公式,我們來拆分解讀一下。

觀點:這個預算的審批可能比較難。

分條說明:主要有兩方面的難度:第一,公司所有的預算都必須走流程,這個在 3 天前的會議上王總已經強調過了;第二,這筆預算金額很大,從別的管道臨時支來這筆預算比較難。

結論:審批難度比較大,非常是我這裡就更麻煩了,也不太符合流程。

如何解決(可能性):不過,有一個方法你可以試試,你可以問一下負責你們這個專案的部長,讓他跟公司提交臨時申請,如果公司同意,我這邊會做優先處理。不過,按照慣例,即使審批通過了,走完過帳流程也需要兩天。我只能

Part1　有重點：抓住關鍵，精準表達

說這種情況下，在我的環節我會快速處理，但是其他環節，我很難預測。要不你先試試去跟你們部長說一下吧。

這樣的表達，思路就非常清晰，避免了說完就後悔的現象。同樣，這個公式不僅僅可以用在一對一的溝通交流中，也可以用在公眾表達的場合中。先理順表達思路再上臺發言效果會更好。

新入職，怎樣做自我介紹才能讓大家印象深刻？

第一次進入入職的公司，自我介紹很重要，因為這是一次很好的機會，來給新同事和主管留下好的第一印象。

有3個新員工同時進入一家公司的業務部門，上班第一天，部門主管向大家介紹這3位新同事，並且邀請他們做一個自我介紹。

甲：「啊？我不知道竟然還要做自我介紹。好吧。那我來隨便說說，我叫甲，今年25歲，單身，之後會跟大家一起工作，謝謝。」同事聽到「單身」的時候，已經開始哄堂大笑了。

乙：「大家好，我叫乙，畢業於×××大學旅遊管理專業，來到我們公司工作，我很開心，希望大家多多關照。」

丙：「各位主管、同事，大家早安！我叫丙，畢業於×××大學金融系。很高興以後能夠跟大家共事。我來自山東青島，我有一個很大的興趣，就是看書，我平均每一季讀50本書，很喜歡學知識，也很喜歡跟別人分享。同時，

Part1　有重點：抓住關鍵，精準表達

工作中我也很喜歡請教別人，我是個新人，希望以後能夠多多跟前輩們學習，也希望透過我們公司這個平臺跟大家成為好同事、好朋友，共同進步。謝謝大家。」

　　上面這個例子中，3位新員工都是第一次來到公司。甲沒有想到要做自我介紹，乙做自我介紹的時候輕描淡寫，丙的表達能夠讓人感受到他非常在乎這第一次的自我介紹。單單看內容，誰的自我介紹印象會讓人更深刻一些呢？我想一定是丙。當然，也一定會有夥伴說是甲，畢竟甲說了自己單身這麼有趣的資訊。不過，在職場這種比較嚴肅的場合中，甲的介紹並不是好的自我介紹。

　　甲並沒有介紹什麼有效的基本資訊，只是把名字、年齡、婚姻狀況這樣的資訊描述了出來，感覺就像一個相親見面會上的自我介紹。這種介紹方式，在職場中給人的感覺除了他著急脫單，可能留不下其他什麼印象了。

　　乙的表達太過於簡單，給人的記憶不深刻。如果後面很多人都這麼講，可能誰也記不住誰。

　　丙的表達，在這個職場環境中是明顯優於甲和乙的，因為丙的表達中蘊含著很多有效訊息，並且，還有一個給別人留下印象的特點——愛學習和請教。這樣一來，即使他在新工作當中遇到什麼問題，跟別人請教，別人也不會反感，

畢竟他在自我介紹中已經鋪陳過了。

如何讓我們的自我介紹像丙一樣給別人留下好印象呢？有一個簡短有效的自我介紹框架可以使用。

框架：

三個基本資訊：問候、自我介紹、來自哪裡。

一個價值展現：個人性格、興趣、好的品質等。

一個期待收尾：和大家進行連線，美好的期待。

丙的自我介紹，完全按照這個自我介紹框架進行了表達，我們一起來分析一下。

三個基本資訊：各位主管、同事，大家早安！（問候）我叫丙，畢業於×××大學金融系。很高興以後能夠跟大家共事。（自我介紹）我來自山東青島。（來自哪裡）

一個價值展現：我有一個很大的興趣，就是看書，我平均讀50本書，很喜歡學知識，同時也很喜歡跟別人分享。同時，工作中我也很喜歡請教別人，我是個新人，希望以後能夠多多跟前輩們學習。

一個期待收尾：也希望透過我們公司這個平臺跟大家成為好同事、好朋友，共同進步。謝謝大家。

Part1　有重點：抓住關鍵，精準表達

當然，自我介紹的方法非常多，這個框架除了簡單之外還有一個很大的好處，就是能夠突出我們的一個價值特點。所以，建議大家在自我介紹前提前想好想突出自己怎樣的價值特點，這樣就可以完成一場有記憶點的自我介紹。

如果大家想突出的價值特點是經驗足，那可以在價值展現的部分這樣說：「我在飯店業有 10 年的工作時間了，在這 10 年的時間裡，我服務過的公司有 3 家，都是行業排名前十的企業，接待的國內外旅客超過了 5 萬人。雖然，我是第一天來到公司，但我覺得我的行業經驗可以跟大家進行更多的分享，大家也可以跟我多溝通交流公司的情況，讓我們相互賦能。」

如果大家想突出的價值特點是運動能力強，那可以嘗試這樣說：「我是一個長跑愛好者，目前我參加過 5 次全馬，10 次半馬。並且我總結出了一套普通人很實用的跑步方法。我聽說我們公司就有跑團，希望之後我能夠跟大家在努力工作之餘，一起努力奔跑。」

見客戶，
怎樣談對方更願意合作？

　　王維飛是公司的銷售業務人員，從事銷售工作大概有 3 年的時間了。雖然也有過很不錯的業績成果，但是王維飛總是感覺談客戶就像是啃一塊大骨頭，每次都讓自己心力交瘁。看看身邊其他業績好的同事，大家雖然都很辛苦，但也有非常順利就談成業務的時候。那到底怎麼樣才能夠讓客戶願意跟你合作呢？

　　有一次，王維飛跟銷售主管一起去見一位重要客戶，同樣都是第一次見面，但銷售主管很明顯能夠快速抓到客戶在意的關鍵點，立即讓客戶對公司產品產生興趣。王維飛羨慕的同時，深深感覺到自己和主管之間的差距，並且不知道應該從哪幾個方面去努力。

　　銷售主管在事後跟王維飛說：「在做銷售這件事情上，我比你多做了幾年，我覺得有一點非常重要，就是了解客戶的特點。不同的人需要用不同的溝通方式，這往往跟他們的性格有關係。有些人個性急就快點說結果，有些人個性慢就慢慢跟他們聊，還有些人比較難做決策，那就先維護關係。」

041

Part1　有重點：抓住關鍵，精準表達

　　王維飛聽完主管的這段話後恍然大悟，原來面對不同的客戶要採用不同的方法。很多做業務的朋友，都有跟王維飛類似的問題。感覺非常好用的一套話術在甲客戶身上使用很奏效，但是在乙客戶身上可能半點作用都發揮不出來。這並不代表我們的話術不好，也並不代表客戶一定就是不友善的。其中有很大的可能性便是，我們的表達方式沒有滿足客戶的需求，而不同的人又有不同的需求。此時，怎樣用對方接受的方式來切入，就顯得很重要了。

　　實際上，找到不同人的性格特質就是抓到了重點，從重點切入會使交流更有效，客戶的配合度也會更高。在李海峰老師的《贏得欣賞：在社交圈收穫好人緣》中，提到了人常見的四種行為風格，分別是 D（Dominance）支配型、I（Influence）影響型、S（Steadiness）穩健型、C（Compliance）服從型。具有不同行為風格的人，其關注點自然也就不相同。

　　具有 D 特質行為風格的人，通常情況下比較在乎結果，目標感比較強，性格相對外向，個性比較急。在與這樣的客戶進行溝通的時候，要直接先說結果，少一些拐彎抹角，多一些成果、效果，這樣會讓 D 型人覺得我們很爽快，使 D 型人更願意配合、合作。

具有 I 特質行為風格的人，通常情況下比較在乎過程，是個「快樂至上」的人，而且通常比較幽默，性格相對外向，個性相對比較急，有時候缺少耐心。在與這樣的客戶進行溝通的時候，要營造「開心、快樂」的氛圍，只要氛圍好，很多事情都好談，做什麼都沒有讓他們保持好心情更重要。所以，要多互動，多認可對方，讓對方感覺自己受到了重視，這樣才能促使 I 型人更加願意合作。

具有 S 特質行為風格的人，通常情況下比較在乎過程，為人和善，性格相對來說比較內向，節奏相對較慢，比較重視人際關係和家庭。在與這樣的客戶進行溝通的時候，要照顧他們的節奏，不要著急，多一點耐心，多培養一些感情。當情感帳戶儲存到位的時候，S 型人的配合度會更高，對於他們來說，信任比速度要重要得多。

具有 C 特質行為風格的人，通常情況下比較在乎細節，比較完美主義、嚴謹，關注事實數據，節奏也相對較慢，很難快速做決定。C 型人無法快速做決定的原因是：一定要貨比三家，才能做出選擇。與這樣的客戶進行溝通的時候，要擺事實講道理，用大量的數據和案例保證自身產品的真實可靠性，細節越多，越容易打動 C 型人。同樣，C 型人的配

Part1　有重點：抓住關鍵，精準表達

合度也就會更高，合作性也會更強。

　　所以，促使對方同意合作的重點其實並不單單取決於我們的表達方式、產品的好壞、公司的優劣，更在於我們是否有洞察人心的能力，在短時間內快速找到客戶的行為風格，察覺到客戶的關注點，用客戶相對最能接收的方式與之交流，這樣才能更好地推動事情的發展，提高客戶的參與度。

工作彙報，怎樣說才能突出自我優勢？

工作彙報一直以來是職場人士頭痛的情境之一，雖然每個公司工作做彙報的頻率並不相同，有的公司是一天一次，有的是一週一次，有的是一個月一次，有的是半年一次甚至一年一次。但之所以很多人都為之如此頭痛，主要是因為工作彙報這件事關乎職場發展，即使一年沒有幾次，一旦有，那就是彰顯自己工作能力和工作成果的關鍵時刻。那什麼樣的工作彙報才算是一個好的、突顯自我優勢的工作彙報呢？一個好的工作彙報要具備以下 3 點。

1. 彙報人要具備演講能力

如果彙報人不具備演講能力，在進行工作彙報的時候，不論多麼好看的數據、內容，也可能會因為緊張等問題表現不出來，從而無法展現自己真正的能力。所以，具備演講能力很重要，在工作彙報中有 3 個好處。

Part1　有重點：抓住關鍵，精準表達

(1) 心理素養強

(2) 表達流暢

(3) 具有感染力

　　而缺少當眾演講的能力、面對很多人說話時感到非常緊張，往往是工作彙報中最大的阻礙。其實，解決這個問題並不是很難，只需要先緩解緊張情緒即可，我在書籍中，有詳細提到緩解演講緊張的方法。

A. 增強自信

　　給自己一些積極正面的心理暗示，比如「我可以的」、「我是最棒的」、「我就是舞臺的主宰」、「舞臺一站成功一半」等。當具備了一次成功的感覺時，我們的自信心會倍增，同時發揮也會更好。

B. 手勢動作

　　在表達時加入一些適當的手勢動作，會讓整個人稍微放鬆下來，緩解緊張情緒。

C. 做好「彩排」

　　如果條件允許的話，在工作彙報前進行「彩排」。「彩排」的場地最好與工作彙報的場地在同一個地方，這樣會增

加我們對場地的熟悉度，從而緩解彙報時的緊張，能更加從容地面對工作彙報。

2. 彙報內容要凸顯個人優勢

有很多人在彙報工作時遇到的最大的障礙並不是緊張、不會演講，他們的表達很流暢，但內容沒有重點，只是平平地敘述數據。工作彙報中具備好內容很重要，好的內容在彙報工作時的最大好處就是可以突顯自己的工作優勢。

張適來到這家房地產公司已經有一年多的時間了，但是在這一年多的時間裡，張適從沒有做過一次工作彙報。這次，因為張適工作成績優異，主管讓張適一起進行工作彙報。張適還是第一次參與這種彙報工作，輪到他時，他的彙報如下：

「各位主管好，我是來自銷售部的張適，今天第一次在這裡給各位主管做彙報，我覺得非常榮幸。下面開始我的彙報：本月我個人的業績達到了 500 萬，談成了 1 個客戶，並且帶了 2 個新員工，走訪了 5 個老客戶和 1 家合作公司。感謝各位主管。」

張適的表達雖然不能說有錯誤，但是真的談不上出色，只是將一些資料進行了羅列，也缺少數字的優勢性。像「談

Part1　有重點：抓住關鍵，精準表達

成了 1 個客戶，帶了 2 個新員工」這樣的表述，很難說他的工作彙報是精彩的。而類似的問題很多人也都遇到過，他們心裡會有共同的疑問：「明明該講的我都講了，為什麼主管就是覺得我的工作彙報不行？」

這主要是因為大部分人在進行工作彙報的時候，缺少利他思維，沒有從主管的角度出發進行講解。主管最在乎什麼？他們最在乎的其實是員工所創造的成果對於整個公司來說的利益點在哪裡，而做出成果的員工到底是如何做到的，方法是否可以複製。換句話說，是否可以讓人人都學習這種方法從而做出這種業績，在做的過程中，有沒有什麼困難需要克服。這些如果都沒有展現出來，那麼你的彙報在主管的心裡就算不上是好的工作彙報，因為所有的資料主管都可以透過後臺直接看到，並不需要做贅述，主管最希望聽到的就是這些有利於公司發展的部分。

基於這種利他思維，那如何進行工作彙報會更好？

先說出利於公司、利於部門、利於他人的工作結果。然後說出具體的數據及案例，並且展示在這期間的收穫和困難。最後進行簡單收尾。

利用工作彙報的基本公式，套用在張適的工作彙報中，這樣調整會更好：

「各位主管好，我是來自銷售部的張適。今天第一次在這裡給各位主管做彙報，我覺得非常的榮幸。下面開始我的彙報：本月我個人的業績達到了 500 萬，占銷售部本月業績的 60%，占公司本月 5 個業務部門總業績的 15%（利他性結果）。我個人之所以能夠取得這樣的好成績，主要是因為我這個月談成了 1 個客戶，準確地說是一個重要客戶（具體數據案例）。雖然在跟這位重要客戶溝通的時候反覆談了 5 次，甚至我一度覺得該放棄了，但最終還是堅持了下來，將公司的利益和客戶的需求達到了一個平衡點，最終我們達成了長期合作關係（過程收穫）。同時，這個月我還走訪了 5 個老客戶和 1 家合作公司，這些老客戶看到了我的誠意，又繼續支持我，我覺得這一點也很重要，如果沒有他們的支持，我這個月也很難有這樣的成績。有時候在拓展新客戶的同時，不要忘記老客戶也很重要（具體數據案例＋過程收穫）。除了業務工作之外，這個月我還帶了 2 個新員工，他們已經完成了基本培訓，之後我會帶著他們一起拜訪客戶，幫他們累積實戰經驗（具體數據案例）。這是我全部的彙報，再次感謝各位主管給我這樣的一次分享機會，謝謝大家（結尾）。」

運用公式進行調整後，整體的表達有邏輯、有重點、有理有據。除此之外，還需要注意的是，具體數據案例和過程

收穫可以同時使用並且多次使用,因為如果工作內容越多,需要具體數據案例和過程收穫表達的地方就越多。

3. 彙報人要具備即興表達能力

在工作彙報的會議現場,主管或者同事經常會在彙報中、彙報後提出一些問題。而有些人具備了演講能力,講的內容很精彩,往往抵擋不住主管或同事丟擲的問題。這主要是因為兩點,一是主管、同事丟擲的問題具備臨時性,我們在此之前並沒有預判到,也沒有準備;二是我們缺少隨機應變的能力。

關於臨時問題的應對和即興表達的方法,我在本書第三章和第五章中進行了較為詳細的闡述和說明,如果大家對臨時性的表達有十分緊迫的需要,可以在這兩章中進行詳細閱讀。

尾牙上，
作為優秀員工如何發表得獎感言？

　　尾牙幾乎是每一家公司最重視的大型活動，在尾牙上除了娛樂性的抽獎和吃飯外，最讓員工矚目的莫過於表彰環節，鼓勵前一年的優秀工作者，激勵下一年的工作。每一個員工也都希望自己能獲得表彰，但同時，幾乎所有員工也會為發表得獎感言而頭痛，不知道該怎樣表達，也不知道什麼樣的得獎感言才是得體的發言。很多獲獎員工在發表得獎的時候都發揮不好。

　　為什麼工作優秀的員工講不好得獎感言呢？主要原因有 3 個：一是這樣的獲獎經歷確實不是每天都能發生的，最多也就一年兩次，所以缺少經驗；二是在獲獎名單公布前確實不知道自己是否真的能夠獲獎，所以當得知自己獲獎那一刻內心難免有一些意外或者激動的情緒，可能會影響正常發揮；三是不知道用什麼樣的表達方式來發表得獎感言會更好，這也是最重要的一點。

　　要解決這 3 個問題其實並不難，只需要做到這 3 點就可以了。

Part1　有重點：抓住關鍵，精準表達

1. 每次當眾發言都是練習場

每天領獎不太可能，但每天面對幾個人當眾發言還是會時常發生的。把每一次當眾發言的機會都當作正式的舞臺，反覆練習，一有機會就嘗試，慢慢累積當眾表達的經驗，這樣鍛鍊下來，即使以後你登上了大型舞臺心裡也是有底的。

2. 準備草稿

雖然說獲獎這件事確實不能提前預估，但是得獎的感言可以提前準備。但不必準備逐字稿，只需要在心裡大概盤算一下草稿，想一想如果真的獲獎了可以講哪些內容。重要的是先有個心理準備。

3. 臨時得獎就用關鍵詞展開法

因為得獎的臨時性相對比較強，如果按照完全有邏輯框架的方式進行表達確實難度比較大，所以在這裡我介紹一種既能夠滿足得獎的臨時性，又能夠滿足感言的充實性的表達方式 —— 關鍵詞展開法。

首先我們上了頒獎臺的第一句話一定是「大家好」。然後，我們在不確定是否所有人都認識我們的情況下，做個簡

單的自我介紹。之後在心裡盤算一個關鍵詞，比如團結，再將團結這個詞貼近該場合來展開表達。

當我們獲獎的時候，可以嘗試這樣表達：

「各位主管、同事大家好。我是 IT 部的王國。今天能夠獲得優秀員工獎我非常意外。此時此刻站在這裡我有些激動，我覺得我能獲得這個獎其實就只有一個原因，那就是我們部門的團結。如果沒有大家的團結，我們部門和我自己也很難在今年取得這麼好的成績。我還記得大家為了達成目標，甚至在月底的後三天都沒有好好睡一覺，輪著寫程式碼，就為了如期給客戶交一份滿意的答卷。也記得我們的劉主管陪著我一起去做使用者需求調查研究，甚至我這邊出了差錯後劉主管還要幫我補救，感謝劉主管。同樣非常幸運的是，我們公司各個部門都很照顧我們 IT 部，給了我們莫大的支持，我並沒有感覺到跨部門溝通有什麼困難，大家都是團結一致，盯緊目標。所以，我能有今天的成績完全是大家的功勞，這個獎不是我的，是大家的。最後希望大家能夠繼續支持我們，感謝主管，感謝各位同事。」

只要找到關鍵詞然後展開表達，我們就能夠完成一場很精彩的得獎感言，關鍵詞不必非常出色，即使很普通也是可以的，重點是展開後要顧全大局。

■ Part1　有重點：抓住關鍵，精準表達

　　本章我講解了如何在表達中抓住關鍵點，當我們的表達有重點的時候，很多事情也就變得清晰了很多。當然，有重點只是第一步，還有更多的維度可以幫助我們將表達變得更好。下一章，我與大家一起走進表達邏輯的世界，讓我們的表達隨時隨地有條有理。

Part2　有邏輯：
內容嚴謹，清晰表達

Part2　有邏輯：內容嚴謹，清晰表達

說話沒有條理，一個技巧拿來就用

說話沒有條理的最大表現是語無倫次，也就是言辭前後矛盾，好像每一個字都可以聽懂，但組合起來就是不知道講話者到底要表達什麼。語無倫次的本質原因是講話者思維太過於跳躍，不連貫，導致表達也出現不連貫的情況，自然也沒有人願意聽這樣的表達。

曹平是一家公司的業務員，工作不到 3 年就晉升兩級，身邊的同事對此非常羨慕。

有朋友問曹平：「你好厲害啊，怎麼能夠在 3 年內在這麼大的公司裡連升兩級呢？這也太難了。」

曹平：「我覺得我之所以能夠這麼快就升職，主要有 3 個原因，一是趕上了紅利，二是抓住了機會，三是比較會表達。趕上紅利是因為我們公司正好有新的業務板塊需要開展，風口紅利來了，一下子就有了機會。二是抓住了機會，很多老員工因為有家庭等原因都不願意冒險，我覺得我還年輕，還可以試試，所以就自告奮勇，抓住了這次機會。三是

我相對來說會表達一些，有些會議包括公司會議和一些釋出會，我都可以臨場講幾句，久而久之主管對我的印象也就深刻了起來。其他我也沒什麼過人之處，可能就是運氣好點吧。」

朋友聽完讚嘆不已：「厲害，就聽你剛才這段表達，如果我是主管，我也會很看重你的。」

曹平的表達有何過人之處？其實，並沒有什麼非常精彩的地方，但是滿足了對職場人士表達的基本要求：清晰明瞭、有條有理。

想要達到跟曹平一樣的表達效果並不難，曹平也只是運用了符合表達條理的公式：**總體＋分條＋解釋＋收尾**。

總體：總體概述。

分條：用數字 1、2、3⋯⋯條來列舉。

解釋：對每一條進行解釋說明。

收尾：運用簡單總結的方式收尾。

假設開一次週會，我們就可以用這個公式有條有理地進行清晰表達：

「大家好，今天的週會不超過 1 個小時，我們會分為 3 個環節來進行會議。第一個環節我來進行上週的總體覆盤，

Part2　有邏輯：內容嚴謹，清晰表達

第二個環節是各個部門來進行各自業務的彙報，第三個環節是下一週的計畫。那從我先開始……（省略具體細節）好，那我們今天週會的 3 個環節就全部結束了，我們散會。」

按照條理公式的技巧進行表達，會讓我們的表達更加清晰，別人也能更好地接收訊息。

總體＋分條＋解釋＋收尾

總體

總而言之……

舉個例子

分條

解釋

對每一條進行解釋說明

用簡單總結的方式收尾

收尾
END

語言組織能力差，
一套表達模板輕鬆解決

在表達的時候，語言組織能力一直是很多人關心的部分，也是展現一個人是否有邏輯、有框架的標準之一。而很多人在評價自己的表達能力時，都會用「我語言組織能力不太好」這句話來形容。實際上，一個人「語言組織能力不好」的主要原因，就是說話缺少框架、缺少結構性的思考和表達，導致「我有內容，但是不知道從哪裡開始說好，也不知道在哪裡結束」。

那怎樣才能提高我們的語言組織能力？我在這裡給大家推薦**兩種方法＋一個表達模板**，幫助大家掌握組織語言的訣竅。

1. 善於分析

已經出版的書籍、雜誌、文章，絕大部分都具備結構性。你在看文章的時候，建議看兩次，第一次純欣賞，第二次分析文章的結構，梳理出文章的大致脈絡，這樣你就會對

結構性這 3 個字有一個初步的了解。

同時，我們在看別人演講、聽別人說話時，也可以進行完全相同的操作，在聽的時候，嘗試分析出對方表達的結構框架或者表達順序。越分析越清晰，原來表達好的人都具備表達框架。

2. 勇於表達

有很多人覺得自己的語言組織能力不好，乾脆就減少說話次數，導致每一次說話都覺得自己說不好，越來越不愛說，越來越不想說。但是表達這件事情幾乎是怎麼躲也躲不掉的，與其逃避不如嘗試，不如在盡可能多的場合中勇於表達。可以先從熟悉的場合開始，慢慢過渡到陌生的場合，循序漸進地挑戰自己，這會讓自己慢慢喜歡上表達。

3. 模板：結構化表達常用模板

好的語言組織能力離不開結構化的表達框架，我們在表達的時候，無論是思維還是語言，都要有一個樹狀圖那樣的框架。王琳老師在《結構性思維》這本書中，提到了一個結構化表達的模型。

(1) 結論先行
(2) 上下對應
(3) 分類清楚
(4) 排序邏輯

也就是說，我們在表達的過程中，要想組織好一段話，首先要滿足有結論、有呼應、有分類、有排序這 4 個方面。就像一張圖一樣展開自己的表達。

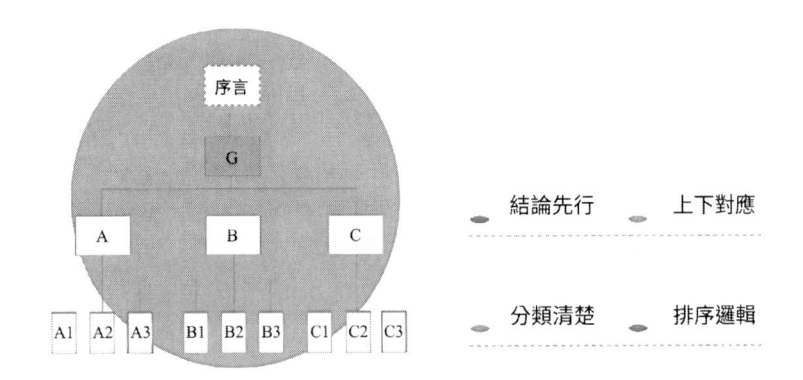

看起來複雜，但實際上使用起來並沒有那麼複雜。比如，下面這段話是俞敏洪的一篇經典演講，它就是按照有結論、有呼應、有分類、有排序這 4 點來進行分享的。

《擺脫恐懼》

當有人站在這麼一個舞臺上，我們很多同學都會羨慕，也會想，要是我去講，會比他講得更好。但是不管站在臺上

Part2　有邏輯：內容嚴謹，清晰表達

的同學是面對失敗還是最後的成功，他已經站在這個舞臺上了。而你，還只是一個旁觀者。這裡面的核心元素，不是你能不能演講，不是你有沒有演講才能，而是你敢不敢站到這個舞臺上來。我們一生有多少事情是因為我們不敢所以沒有去做的。

曾經有這麼一個男孩，在大學裡整整四年沒有談過一次戀愛，沒有參加過一次學生會和班級的幹部競選活動。這個男孩是誰呢？他就是我。在大學的時候，難道我不想談戀愛嗎？那為什麼沒有呢？因為我首先就把自己看扁了。我在想，如果我去追一個女生，這個女生可能會說，你這頭豬，居然敢追我，真是癩蛤蟆想吃天鵝肉。要是真的出現這種情況，我除了上吊和挖個地洞跳進去，還能幹什麼呢？所以這種害怕阻擋了我所有本來應該在大學中發生的各種感情上的美好。其實現在想來，這是一件多麼可笑的事情，你怎麼知道就沒有喜歡豬的女生呢？就算你被女生拒絕了，那又怎麼樣呢？這個世界會因為這件事情就改變了嗎？

那種把自己看得太高的人我們說他們狂妄，但是一個自卑的人，一定比一個狂妄的人更加糟糕。因為狂妄的人也許還能抓到他生活中本來不是他的機會，但是自卑的人永遠會失去本來就屬於他的機會。因為自卑，所以你就會害怕，你害怕失敗，你害怕別人的眼光，你會覺得周圍的人全是抱著諷刺、打擊、侮辱你的眼神在看你，因此你不敢去做。所以

你用一個本來不應該貶低自己的元素去貶低自己，這使你失去了勇氣，這個世界上所有的門，都被關上了。

當我從北大辭職出來以後，作為一個北大快要成為教授的老師，馬上變成一個穿著破大衣，拎著漿糊桶，專門到北大裡面去貼廣告的人，我剛開始內心充滿了恐懼。我想這裡都是我的學生啊，果不其然學生就過來了。哎！俞老師，你在這貼廣告啊。我說，是，我從北大出去後自己辦了個培訓班，自己貼廣告。學生說，俞老師別著急，我來幫你貼。我突然發現，原來學生並沒有用一種貶低的眼神在看我，學生只是說，俞老師，我來幫你貼，而且說，我不光幫你貼，我還在這裡看著，不讓別人把它蓋住。我逐漸就意識到了，這個世界上，只有你克服了恐懼，不在乎別人的眼光，你才能成長。也正是有了這樣慢慢不斷增加的勇氣，我有了自己的事業，有了自己的生活，有了自己的未來。

回過頭來再想一想，最近這幾天正在全世界非常出名的我的朋友之一──馬雲，他就比我偉大很多。馬雲跟我有很多相似之處，當然不是長相上相似，大家都知道，這個長相上還是有差距的，他長得比較有特色。我們大考都考了三年，我考進了北大的大學部，他考進了師範學院，大家馬上發現，從這個意義上來說，無論如何，我應該比他更加優秀。但是一個人的優秀並不是因為你考上了北大就優秀了，並不是因為你上了哈佛就優秀了，也並不會因為你長相好看而優秀。一個人真正優秀的特質來自內心想要變得更加優秀

Part2　有邏輯：內容嚴謹，清晰表達

的那種強烈的渴望，和對生命的追求那種火熱的激情。馬雲身上這兩條全部存在。如果說在我們那個時候，馬雲能成功，李彥宏能成功，馬化騰能成功，俞敏洪能成功，我們這些人都是來自普通家庭，今天的你擁有的資源和資訊比我們那個時候要豐富 100 倍，你沒有理由不成功。

當我們有勇氣跨出第一步的時候，我們首先要克服內心的恐懼，因為在這個世界上，只有你往前走的腳步自己能夠聽見。所以我希望同學們能夠認真地想一下：我內心現在擁有什麼樣的恐懼？我內心現在擁有什麼樣的害怕？我是不是太在意別人的眼光了？因為這些東西，我的生命品質是不是受到了影響？因為這些東西，我不敢邁出我生命的第一步，以至於我的生命之路再也走不遠。如果是這樣的話，請同學們勇敢地對你們的恐懼，勇敢地對別人的眼神，說一聲 No！

俞敏洪這段經典演講，我們按照有結論、有呼應、有分類、有排序來進行簡單的演講思路梳理，如圖：

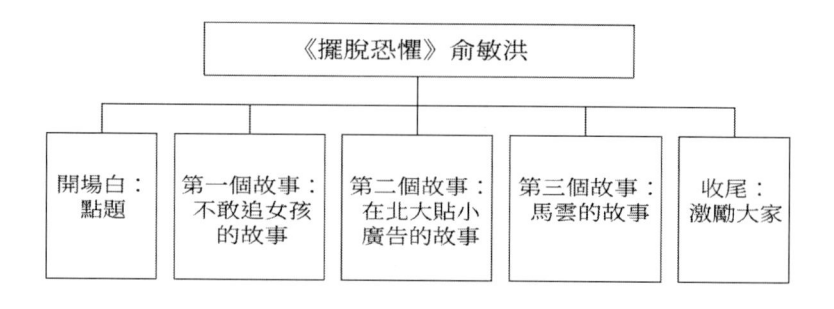

```
                    《擺脫恐懼》俞敏洪
    ┌───────┬───────────┬──────────────┬───────────┬───────┐
  開場白：  第一個故事：  第二個故事：    第三個故事：  收尾：
   點題    不敢追女孩    在北大貼小       馬雲的故事   激勵大家
           的故事        廣告的故事
```

如果我們在表達的過程中也能夠在腦海中,或者提前繪製出一張結構化表達模板圖,那將會在相當程度上幫助我們提高語言組織能力。

Part2　有邏輯：內容嚴謹，清晰表達

別人聽不懂，
當眾表達有訣竅

當眾表達時，最令人頭痛的問題就是：我說了很多內容，但是別人聽不懂。這種情況如果多次出現在當眾表達的場景中，會非常致命。

造成別人聽不懂我們的講話的主要原因是，我們講了自己很了解的內容，但是未考慮到對方是否了解，所以沒有進行必要的解釋說明，所以在當眾表達時，觀眾會「聽不懂」你所要傳達的意思。

所以，在當眾表達的時候，要想讓對方聽得懂，我們一定要先「預告」，給對方一個心理準備，這樣後面再進行表達就會簡單得多。

比如進行工作分享時你可以這麼說：

「各位主管、各位同事，大家晚上好。我是後勤部的王福全，今天很高興在這裡跟大家分享一下我的工作感受。工作這麼多年了，我談不上有多麼大的本事，但多少有幾條人生經驗，今天就跟大家分享一條，那就是：努力的人到哪裡

都有希望。

我的工作經歷一共可以分為3段:第一段打工,第二段創業,第三段做媒體。

先來說說第一段經歷吧。我想,勞工是現代社會中很多人對自己的稱呼,而在我的概念中,勞工就是辛苦的人。我搬過磚、做過清潔工,這一切都讓我了解到賺每一分錢都是不容易的。但是我與別人不同的地方是,我比任何一個跟我一起工作的人都多努力一分,別人搬10塊磚,我搬11塊;別人掃地1小時就休息一下,我做2個小時才去坐一下。就這樣,主管們看到了這麼努力的我,都想要提拔我。

但我沒有做多久就去創業了,這也是我的第二段重要經歷。創業路上確實不輕鬆,說句實在話,我也不知道自己應該做什麼樣的專案才會更好,於是我就跟朋友合夥開了一家餐飲公司。我們憑藉著『比別人早開1小時,比別人晚關1小時』的經營理念,在當地的餐飲行業嶄露頭角,也開了幾家分店,但我突然間感覺到這不是我想要的,於是我就把股份賣了,開始尋找自己喜歡的事業之路。

之後,我就來到了我們這家新媒體公司。這也是我今天要分享的第三段重要經歷。新媒體是現在很流行的行業,而我自己卻是一個沒那麼多潮流感和技術能力的人。剛開始我

■ Part2　有邏輯：內容嚴謹，清晰表達

只憑著一腔熱血來到了公司，結果被拒絕了 8 次，因為我沒有經驗。最後，可能是因為我的努力被老闆看見了，在第 9 次的時候他真的就給了我一個來公司工作的機會，但是不給薪水，只能跟著同事學習。我覺得這是一次非常好的機會，那段時間我惡補了新媒體的各種資訊、知識，向很多人請教，幾乎每天只睡 4 個小時。終於，6 個月後，我轉成了正式員工，今天我已經在公司裡工作 3 年了，這 3 年裡我學到了很多。我可能沒有什麼天賦，但是我想跟大家說，只要努力，人生走到哪裡都有希望。謝謝大家。」

　　上面的案例，就做到了「先跟大家『預告』再展開表達」的要點，這讓觀眾在聽取訊息的時候非常有針對性，知道這段發言闡述的就是最開始的 3 點「預告」，不僅能夠聽得懂，還可以跟著講話者的思路一步一步走下去。

萬能表達方式，
讓所有人都喜歡你

　　隨著經濟的高速發展，人們越來越追求短、平、快的事物，就連表達這件事情，很多人也在追求一套萬能的方法，希望一招致勝。但實事求是地說，這個世界上沒有絕對萬能的方法，因為很多表達場合都需要具體情況具體分析，所以嚴格意義上來講不存在這種萬能的方式。但是從相對的角度出發，我們遇到的大部分場合是比較類似的，所以應付這些普遍場合確實有一些策略。

　　我在《從 0 到 1 搞定即興演講》中就介紹了一種即興演講的「萬能公式」：一心、一用、一收。

　　有些讀者在看書的時候會有一些思維上的誤解，認為一個方法、框架、模型只能夠用於一個場景中。其實不然，這個「萬能公式」可以用於除演講之外的大部分表達場景中，讓別人僅僅透過我們的日常表達就感受到我們表達的邏輯性。

Part2　有邏輯：內容嚴謹，清晰表達

表達公式：一心、一用、一收。

一心：一個中心思想。

一用：一種講故事的用法。

一收：一種常見的收尾方式。

比如，今天在會議開始之前，主管提前告訴每一位同事：「今天下午的會議比較重要，老闆也要來參加，我們老闆是一個非常喜歡聽員工想法的人。每個人會後都要發表一下自己的感受，1 到 3 分鐘時間就可以。」有很多人聽到這樣的開會「預告」之後，就根本無法冷靜地聽會議了，而是不斷地在構思自己要說什麼，甚至有一些人直接在自己的筆記本上寫起了逐字稿。

其實,這種表達並沒有我們想像中的那麼恐怖,我們唯一要準備的就是一個表達的中心思想。可以按照「一心、一用、一收」的方法來進行表達:

「各位同事好,感謝公司給我們這次在會議上進行分享的機會,我是業務部的劉鋼。對於這次會議,我的感受是:時刻保持初心。沒錯,也就是我們這次會議的主題。

這個主題給我的觸動很大,看到這個主題,再加上聽了這次會議中主管們的分享,我回憶起我剛來公司的時候。那時王總曾單獨找我談過一次話,當時我還覺得有點兒驚訝,為什麼一個老闆會主動找一位新員工談話呢,後來我才知道這是公司的一個不成文的規定,老闆要找每一位新員工至少談一次話。

當時,王總問了我一個問題,我到今天還記得。

他問我為什麼要加入這個行業。我說我想讓更多人接觸到我們這個行業最好的產品。他又問為什麼要用最好的?一般的產品不也能用嗎?

我說,很多人不知道,用了一般甚至品質差的產品會對人體產生多大的傷害。我有個理想,希望每個人都能用上好產品。

王總讓我不要忘記今天說的話,即使不在這個行業裡

Part2　有邏輯：內容嚴謹，清晰表達

了，也不要忘記最初的想法。當時我剛來到公司，聽王總跟我聊的這段話還沒有太多的感觸，直到今天我才恍然大悟，王總自己也是這樣堅持初心的人。只要能夠保有初心，就一定會做得越來越好。最後，我希望大家都能夠不忘初心，持續前行。」

　　劉鋼整體的表達內容很通俗易懂，單單只按照一個時刻保持初心的中心思想，一個曾經跟王總談話的故事，一個表達希望的收尾方式，就很好地表達了自己的感受。所以，在日常生活中，大部分的表達都可以按照這個公式來進行，這也就是大家所期待的萬能公式。持續在大部分的場合中使用這個公式來進行表達，也會讓更多人喜歡我們有重點、有邏輯、通俗易懂的表達方式。

牢記三個原則，
隨時隨地保持邏輯清晰

　　一個人要想塑造或保持影響力，表達能力很重要，你需要做到隨時隨地都能進行邏輯清晰的表達。這不是一件容易的事，但也並非完全做不到。只需要牢記這 3 個原則，遵循這 3 個原則來進行表達，邏輯就不是問題了。

1. 觀點明確

　　在表達的過程中，要有非常明確的觀點或者中心思想，並且全程都要圍繞這個觀點或中心思想進行展開。時時刻刻想著自己的觀點，這樣就不會在表達的時候離題。

2. 細節清晰

　　表達的時候除了要圍繞觀點進行表達，同時還要證明自己的觀點是正確的。只需要運用最有效的表達方法 —— 數字。有數字的表達會給別人更加具體的感覺。比如，有人在做自我介紹時這樣表達「我有多年的從業經驗」，這跟「我有

> Part2　有邏輯：內容嚴謹，清晰表達

8 年的從業經驗」相比，哪一個會更好一些？當然是有具體數字的表述會更好。

當然，有的時候光有數字並不夠，還需要有一些對比。比如「我在銷售行業有 3 年的經驗」。3 年的工作經驗是長還是短？這個很難說，有些人覺得長，有些人覺得短，有些人覺得一般。我們在表達的時候，自然是希望讓別人認為「3」這個數字是多的，那就需要有一些對比。可以嘗試這樣表達：「我在銷售行業有 3 年的從業經驗。3 年前跟我一起加入這個行業的 30 位小夥伴，至今還在從事這個行業的只有我 1 個人。」這個對比主要展現了 3 年這個時間在銷售行業已經算很久了，因為這個行業優勝劣汰，能堅持至今就很好了。

所以，表達時要注重用數字進行清晰、具體的表達。

3. 優勢加強

在表達的時候雖然要有具體的數字，同時還需要有取捨，取最重要的環節，捨不重要的環節。有些人在表達的時候，話語非常冗長，事無鉅細地全講一遍，大家都不愛聽。如果只選一個最重要的情節，我們會選擇什麼？只把最重要的部分拿出來就好了。

結合這 3 個原則，我來用表達中最常見的自我介紹來舉個例子：

「大家好，我叫於木魚，是這本書的作者，也是一名資深演講教練。到目前為止，我在口才、演講、溝通行業已從業 10 年了。前前後後幫助超過 12 萬人擺脫了當眾表達、當眾演講以及溝通中的問題。其中，我印象最深刻的一位學員是一名零基礎的演講『新手』，經過兩個小時的一對一輔導，他成功站上了公司的演講比賽舞臺，並且獲得了冠軍。如果你想提高演講表達能力，歡迎與我聯繫。」

這段表達中我想突出的最大觀點和核心就是：資深演講教練，用具體的「10 年、12 萬人」來進行細節描述，最後用一個成功案例來突顯自己的優勢。

總之，遵循三大原則說話，會使我們的表達隨時隨地保持清晰的邏輯。

Part2　有邏輯：內容嚴謹，清晰表達

說話有條理，在職場中更受歡迎

在職場中，我們總會羨慕表達能力好的人，覺得他們好像是天生的「萬人迷」，只要一開口說話，主管和同事都喜歡聽。而我們要麼害怕說話，要麼說話缺乏邏輯，沒條理。事實證明，一個人說話有條理，在職場中確實更受歡迎。例如：

在工作場合中，無論是正式會議中的工作彙報，還是電梯間、走廊間臨時向主管做的口頭工作彙報，說話有條理、有邏輯的人都能夠快速傳達自己想要表達的意思，讓對方能夠快速接收到訊息。

特別是口頭彙報，最能夠展現一個人的邏輯思維能力。比如，在走廊或者電梯間遇到主管時，當主管問道「工作怎麼樣」時，我們要能夠快速用簡短的話語彙報清楚。

「主管，這個月整體的營業額我是超額完成的，目前大概完成了總營業額的10%，具體的數字我需要去查一下，如果您著急的話，我一會兒查到資料後傳給您。同時，上週

正在溝通的幾個合作專案也有明顯的進展,我們這邊一直在追蹤,有突破性進展時我會第一時間彙報給您。」這種條理清晰、簡短有效的口頭彙報方式,不但不占用主管的時間,還可以在短時間內回答主管的問題。

在正式會議當中更是如此,條理性和邏輯性好的表達,會讓會議變得十分高效,並且傳遞訊息的速度也會更快。會議中不必一上來就長篇大論,可以提前先告訴大家你今天要講哪幾個方面的內容,讓參加會議的人在聽的時候更有方向。比如:「今天開會主要給大家分享 3 個方面的內容,第一個方面是策略層面,第二個方面是落實層面,第三個方面是具體細節溝通。」

職場是一個追求利益和效益的地方,有條理地進行表達可以提高效率,快速傳遞事實、問題、方案,節省彼此的時間,是最好的能力輸出方式,所以也會更受主管的歡迎。

Part2　有邏輯：內容嚴謹，清晰表達

> 邏輯思維清晰，
> 更快完成工作目標

　　有清晰的邏輯思維，你才能更好地進行表達，讓別人能快速有效地明白你所要表達的意思。只有這樣，你所推進的工作才能向你所期望的方向前進，你才能早日完成工作目標。當你和同事溝通工作、相互配合的時候，如果你的表達有邏輯，對方就能精準地給出相應的支持；當你和主管溝通工作進度的時候，如果你的表達有邏輯，對方就能快速明白你的工作進展，從而合理安排接下來的工作任務；當你和客戶溝通合作事宜的時候，如果你的表達有邏輯，對方更願意接受你的方案。

　　邏輯思維清晰還展現在會講一個好故事上，將故事作為觀點的支撐論點，更容易讓別人接受你的觀點。

　　在「二戰」期間，各個國家都在想盡辦法遏制德國的勢力，都努力想在德國之前研究出原子彈。愛因斯坦（Einstein）等人委託羅斯福（Roosevelt）的私人顧問去勸說羅斯福，但勸說了很多次，都沒有成功。

有一天，顧問準備再跟羅斯福談一次，不料，羅斯福看到他就說：「今天不許說愛因斯坦的事，一句都不可以。」

私人顧問說：「好的，那我給您講個關於拿破崙（Napoléon）的歷史故事吧。當年拿破崙橫掃歐洲，唯獨在英國人那裡吃了敗仗，您知道這其中的原因嗎？」

私人顧問接著說：「英法大戰的時候，海上是英國人的天下，拿破崙在海上屢戰屢敗，屢敗屢戰。當時，拿破崙軍中有一個小士兵建議拿破崙改造船體，使用蒸汽機，將木板換成鋼板。但因為拿破崙不懂，所以並沒有同意。後來，有歷史學家研究發現，正是因為拿破崙沒有採納這條有效意見，所以最後法國被打敗，英國倖免於難。」

說到這裡，私人顧問看向羅斯福，發現羅斯福的表情已經產生了變化，於是馬上跟上一句：「先生，如果聽取了小士兵的建議，歷史可能就被改寫了。」

羅斯福說：「你贏了，我不會做第二個拿破崙。我同意愛因斯坦的請求。」

說服羅斯福總統同意研究原子彈這件事情非常難，但是正因為運用了有效案例的形式，才讓事情順利地發展下去。對於職場中的我們來說也是一樣的，邏輯性的表達並非單單只有框架結構，若我們能有邏輯性地講一個故事，這既可以

Part2　有邏輯：內容嚴謹，清晰表達

讓別人更容易理解我們的觀點，也能讓他們更容易接受我們的觀點。講故事的前提是講圍繞觀點的故事，這非常考驗一個人的邏輯性。

　　在職場表達中，我們一定要關注目標，說話是為了目標服務的。所以圍繞目標，有邏輯、有重點、有條理地使用有效案例進行表達，更容易達成工作目標。

目標導向型表達，讓你快速晉升

競聘和升職競選在職場當中出現的次數並不多，卻是影響大家職業發展之路的重要轉捩點。而很多職場人也對於競爭、應徵這兩件事情十分頭痛。這兩個場合不單單是考察能力的時刻，因為能力合格的人不止一個，此時一場可以讓你脫穎而出的表達顯得尤為重要。

很多優秀的職場人在晉升面試現場吃了大虧，表達能力不過關，導致自己無法升職。有些主管也非常感嘆，為什麼能力這麼好的一個員工，卻無法有條理、有邏輯地正常表達。通常，管理層必然要面對組織員工開會等各項事宜，做好這些事必不可少的就是要具備良好的表達能力。換個角度來看，與其說晉升面試看似在考察員工的工作能力，實質上是在考察員工是否具備管理者應具備的一些能力，特別是基礎的表達能力。

很多人無法在競選的時候脫穎而出，主要有以下 3 個方面的原因。

1. 完美主義作祟

因為對於很多人來說，這是職業生涯中的重要一步，所以他們非常重視，同樣，因為非常重視他們也對自己的期待非常高，往往因為完美主義導致自己壓力過大，而無法發揮出正常的水準。

2. 沒有做調查

第二個我認為比較重要的原因是，他們沒有提前做一些調查。有人會問：「面試的時候需要做什麼調查啊？」所謂「知彼知己，百戰百勝」，面試前，我們當然要知道面試官是誰了。

可以嘗試去詢問有經驗的同事、前輩，之前的面試官是誰。如果提前知道是誰，也就可以大概了解這個主管的關注點，再進一步去調查每位主管對面試者最關心的是什麼，就可以做到心裡有數，至少在回答主管提出的問題時，會有一個心理預判，這樣會更加安心一些。

3. 缺少面試的正確方法

也有很多人完成了前兩點，但是在晉升面試當天仍然發揮失常。這主要是因為他們的語言組織得不夠好，缺少具備

邏輯性的面試表達方法。

怎樣能夠在職場晉升中脫穎而出呢？解決上述 3 個問題後再利用下面 3 個方法，就會有很好的提升。

1. 擁有好心態

實際上，沒必要給自己這麼大的壓力，平常心對待，做到先完成再追求完美，也是不錯的選擇。

2. 盡可能做好調查

比如，如果是公司的內部晉升，可以向同事打聽一下，每一個主管更加關注什麼方面，有針對性地微調自己的講話內容或者彙報方向。

3. 掌握面試技巧的正確開啟方式

在這裡，給大家推薦一個職場晉升面試的技巧：基本資訊 + 職位理解 + 個人優勢 + 規劃。

基本資訊：問好、自我介紹、來自哪個部門、應徵哪個職位。

Part2　有邏輯：內容嚴謹，清晰表達

職位理解：對即將升職的職位的理解。

個人優勢：對自己個人優勢的總結，最好總結 3 點，與職位理解的部分相呼應。

規劃：晉升成功之後的職業規劃。

這 4 個方面缺一不可，可以根據具體情況調整各個部分的時間比例。

下面是一名學員學習了這個面試公式後，順利從一名市場人員晉升為市場主管的應徵詞。

各位主管、各位同事大家好！

我是公司市場部的專案專員張太遠，我今天應徵的職位是市場部主管。

我認為要成為一名優秀的市場部主管，需要具備以下 3 點能力：

1. 有很強的市場洞察力

因為市場是變幻莫測的，昨天的方法在今天就不一定適用了，所以市場部主管一定要有敏銳的嗅覺，快速洞察市場變化。

2. 有好的推廣理念

市場部的主要職責就是想盡一切可能的方法來推廣我們的品牌，所以好的推廣理念必不可少。

3. 優質的資源鏈

要能夠獲取更多的資源為品牌的市場推廣加持,達到多維度行銷的作用。

我認為我具備以上 3 點能力。

1. 我具備很強的市場洞察力

我來公司已經有兩年的時間了,在這兩年的時間裡,我組織了 125 場市場活動,並且透過線上線下結合的方式來進行。我想各位主管應該對去年那一場影片演講活動印象深刻,當時我觀察到現代人都很喜歡這種知識的碰撞,特別是我們公司的客戶,於是我就組織了這樣的一場活動。當天成功讓 500 人認識了我們公司的企業文化,並且每一個人都加了我們的企業 WeChat,後面轉化公司產品達到了 60% 的轉化率,是目前此類活動成績最好的一次。

2. 我有很好的推廣理念

我的推廣理念我想大家也一定有目共睹。2020 年我主動給公司全體員工分享市場理念 5 次,我自己每年閱讀市場類書籍 20 本,還寫了厚厚的筆記,並且透過實踐結合我們公司的文化,目前我們有 8 條推廣線,比之前增加了 50%。

3. 我能建立優質的資源鏈

我自己跟許多網際網路企業都有接觸,之前也將百度的推廣推薦給公司,在百度網站上傳了我們公司的廣告,曝光

度達到了 1 億人次，也有更多的使用者說是透過百度看到我們的。之後我也會繼續把我們公司推薦給其他平臺。

如果我能成功擔任市場主管，我將用以下 3 個方式，提升我們公司的品牌影響力。

1. 多維度合作

實際上我認為我們的使用者無處不在，以前我們更多地專注自己的行業內部，但之後我們可以透過置換資源等方式聯手合作，讓更多行業有我們的影子，也讓客戶透過多維度的管道找到我們。

2. 引進人才機制

我認為這個時代人才是最寶貴的財富，有一個能打仗的團隊比什麼都重要，我會搭建公司的市場團隊，讓這個團隊能打硬仗。

3. 推動業務鏈發展

銷售一線的夥伴們需要市場的加持幫助，我會在升職前三個月走訪我們公司 30 多家分店，實際考察一線的需求和困難，真正做到能夠幫助到他們。

希望各位主管能夠給我一次進一步為公司做貢獻的機會，謝謝大家。

這位學員按照這樣的方式進行面試後，順利透過了面試。邏輯清晰的表達方式是職場晉升必不可少的助力。

Part2　有邏輯：內容嚴謹，清晰表達

向下溝通有方法，管理員工更輕鬆

在職場中，有很多管理者都會面臨一種現象，一聽說要開會，員工就不太願意，抱怨開會浪費時間，沒有什麼用。造成這個現象的主要原因是，有些管理者想要表達的內容太多了，於是不知道在有限的時間內，如何有邏輯、有框架地輸出自己想要表達的內容。

如果你也有類似的情況，那麼建議你在開會之前，先用紙和筆按照下面介紹的公式，梳理一下自己的表達思路，這樣對你整體的表達更有利。

公式：總體 + 分點 + 總結 + 計劃

總體：本次會議總體的目標是什麼，確定一個大目標更有助於清晰表達。

分點：可以分成 3 個方面、3 個環節、3 個點、3 個標題進行展開說明。

總結：每一個大的方面說完後進行總結。

計劃：布置之後的計畫。

如果今天讓大家組織員工開一場「新專案部署會」，運用上面的方法，你會如何梳理會議流程？可以嘗試這樣梳理。

總體：

本次會議的主要目標：讓每一位專案成員明確專案內容以及部署實施。

分點：

3 個方面：

第一方面，專案背景。

第二方面，專案目標。

第三方面，專案具體實施分配。

在每一個方面中還可以細分，梳理思路。

總結：

每講完一個方面進行總結，最後進行一個全面總結。

計劃：

(1) 完成時間週期

(2) 各個環節的負責人

(3) 專案實施地點

Part2　有邏輯：內容嚴謹，清晰表達

(4)　專案程序彙報期

(5)　專案困難點預判

　　……

　　先梳理開會內容，再組織會議，這樣員工就能清晰了解整個會議的內容，並結合自己的工作情況做出改進或調整。只有主管表達清晰、有條理，員工才更願意聽主管說，並有獲得感。

Part3　有應對：
輕鬆應對任何提問

> Part3　有應對：輕鬆應對任何提問

面對突然提問，
三個套路幫你清晰表達

　　我們在職場當中，總會遇到突如其來的提問，比如主管在走廊上或者在電梯裡，甚至在廁所裡遇到了我們，可能隨口問一句：「工作怎麼樣啊？忙不忙？」這看似是一句不經意的寒暄，實則不然，這句話從主管的嘴裡說出來，往往是要開啟一場隱形的工作彙報。這種工作彙報雖然只需要簡單的口頭表達，但是如果回答不好，也會給自己的職業發展帶來影響。

　　柳飛是公司的財務人員，工作認真，但就是不太善於表達。有一次，柳飛突然發現了一件事情，這個月開薪資的時候，竟然每一個部門都漲了薪資，只有財務部沒有漲薪資，而財務部是給大家發薪資的。柳飛非常不理解，他去問老闆：「老闆，我想冒昧地問一下，為什麼所有部門都漲了薪資，唯獨我們財務部沒有漲呢？」

　　老闆：「我覺得沒有必要啊，你們又不忙。」

　　柳飛：「啊？我們也很忙啊。」

老闆：「不是吧，我每次問你忙不忙，你都告訴我不忙。而我每次路過業務部，他們就把我拉住說：『老闆，你可能不知道，不到 10 天我們就完成了半個月的業績，大家太辛苦了，老闆支持支持，讓大家一起去聚餐一下吧，說不定大家回來後更有動力了啊。』然後我就每次要給他們聚餐的費用，後來想想乾脆直接漲薪資算了。其他幾個部門也都經常給我彙報一些進度。」

柳飛這才恍然大悟，原來老闆不經意間的詢問，竟然是希望獲得員工工作中的進展和彙報。這次，他終於明白為什麼其他部門特別是業務部漲薪資了。

那麼問題來了，如果我們知道了主管這樣的聊天就是為了讓我們彙報工作，那我們應該如何應對？下面這 3 個方法，幫你隨處都可以回應主管。

1. 滿足主管的掌控權

主管就是需要掌控權，經常主動回饋，滿足主管的掌控權，主管見到我們的時候自然也就不會過多追問或者有其他的想法了，因為一切都在他的掌控之中。

2. 口頭工作彙報也是告知性表達

有些職場人，見到主管就會非常緊張，更別說口頭彙報工作了。

對此，我們要調整心態，需要明白我們與主管的交流只是告知性的表達，換句話說，也就是把我們做的事情告訴主管就好了，就跟告訴同事是一樣的。我們要不斷這樣暗示自己，這樣見到主管後心就不會慌了。

3. 工作彙報流程很重要

工作彙報的基本流程簡單來說就是先報喜再報憂，把好事放在前面先說，之後再提要求就更容易被人接受。比如柳飛的例子中，業務部的人就用了這個方法。先說10天完成的業績已經超過了50%，再說想要聚餐，老闆就順理成章地答應了。

所以，面對突然的工作提問我們也不要慌，給予對方想要的，平復心態，把握流程就會有好的表達呈現出來。

面對突然提問，三個套路幫你清晰表達

- 滿足主管掌控權
- 主動反饋
- 口頭工作彙報也是告知性表達
- 調整心態
- 工作彙報流程很重要

Part3　有應對：輕鬆應對任何提問

遇到陌生話題，一招幫你輕鬆應對

　　遇到陌生話題不知道怎麼回答，往往會讓我們顯得很尷尬，特別是在面對一些特定的比較重要的場合時。比如跟客戶見面時，客戶聊起了一個陌生領域的話題；比如面試時，面試官提出了我們事先沒有準備的問題。這些讓人沒有頭緒的提問，看起來「防不勝防」。其實，這樣的場景並不可怕，化被動為主動，便可解決。

　　《奇葩說》的主持人馬東曾經在一場應徵銷售人員的面試中這樣提問面試者：「請問番茄炒蛋怎麼做？」

　　有一些面試者不會做飯，聽到這個問題時便不知所措，只能結巴地講了一通，這樣的人馬東當然不會錄用。還有些人會做飯，把番茄炒蛋的全流程說了一遍，表達很清晰，這樣的人馬東給了 60 分，也沒有錄用。還有一些人說做任何一道菜重點都在於火候，把油燒到恰到好處再放菜，這樣味道會更好，這樣的人馬東給了 80 分，但也沒有錄用。

　　最後，馬東錄用了一個很年輕的小夥子，他的回答是：「馬老師，我想您這個問題一定不是在考我的廚藝，如果真的是這樣，我可不行，我確實不會做菜，但是我會調

酒⋯⋯」隨後小夥子把調酒這件事從頭到尾講了一遍。

馬東身邊的 HR 總監問馬東：「為什麼要選這個小夥子？我不知道您選他的理由。」

馬東說：「你想想，我們應徵的是銷售人員，銷售人員在面對客戶的時候，有沒有可能遇到自己完全不知道的問題？一定有。但遇到了自己完全不知道的問題怎麼辦？只有這個小夥子做到了化被動為主動，把自己完全不擅長的事情轉換到自己很擅長的事情上，我覺得這樣的人反應能力很強，所以我要選他。」

沒錯，在我們的工作和生活當中，我們總會遇到完全陌生的話題，畢竟每個人都有知識盲點。只有化被動於主動，將不擅長的事情略過，轉到自己擅長的事情上，這樣才能更好地發揮。

Part3　有應對：輕鬆應對任何提問

不想回答別人的提問，教你一招迴避追問

在生活中，我們總會遇到一些我們不想回答，但是別人一直追問的問題，比如感情問題或者薪資問題等。其實，我們也知道對方可能並非出於惡意，只是好奇心作祟而已，但我們又不想回答。不想回答的問題那就不回答，只需轉移話題就好。

轉移話題有以下3點好處：

1. 讓對方快速明白

讓對方快速知道「我不想回答」，避免話題勉強繼續下去，產生尷尬。

如果別人想問婚姻情況，你可以嘗試這樣說：「哎，剛才你說公司裡面的人事關係有點複雜是怎麼回事？」立即切換到之前溝通過的話題上，既能夠成功躲避問題又顯得不突兀。

2. 快速轉移對方注意力

被問到不想回答的問題，本來所有人的注意力都在這個問題上，但轉移話題後，可以快速將對方的注意力切換到下一件事情上。

如果遇到不想回答的問題，就可以直接切換下一個話題：「對了，上次王總說，讓我們部門下一步跟一些中小型機構合作，你怎麼看待這個問題？」

3. 為自己快速解圍

轉移話題最大的好處就是為自己解圍，而且是巧妙解圍，不必跟別人發生不愉快的事情，也不必非常在意別人追問的話題，只需要用輕描淡寫的態度略過就好了。

龍芬和艾欣是同一個辦公室的同事，兩人平時的關係還不錯，但龍芬有一個不好的習慣，就是喜歡打探別人的薪資。有一天龍芬向艾欣打聽薪資。

龍芬：「小艾，我問你呀，你薪資一個月多少啊？」

艾欣：「你多少啊？」

龍芬：「你告訴我，我就告訴你呀。」

艾欣：「那好啊。哎，我突然想起一件事，你知道前幾

Part3　有應對：輕鬆應對任何提問

天業務部王海的事嗎？」

　　龍芬：「啊？什麼事？」

　　艾欣：「哈哈，這你不知道了吧。你不是公司的『萬事通』嗎？」

　　龍芬：「我……怎麼能不知道呢？就王海那件事啊。他……」

　　艾欣用轉移話題的方式成功迴避了自己不想回答的薪資問題，所以，不想回答的問題就不回答，轉移話題就可以搞定。

不想回答別人的提問，教你一招迴避追問

欸，你薪水多少呀？

轉移話題的三個好處

讓對方快速明白
避免話題繼續

欸，剛才你說公司裡的人事關係複雜是怎麼回事？

快速轉移對方注意力
轉移注意力

對了，王總讓我們下一步和中小型企業合作，你怎麼看？

為自己快速解圍
巧妙解圍
避免不愉快

欸，我突然想起一件事情，你知道前幾天銷售部發生的事嗎？

Part3　有應對：輕鬆應對任何提問

主管提問，
抓住關鍵句就可以應對自如

在職場當中最可怕的情況，莫過於在沒什麼準備的情況下，突然被主管提問，如果是完全已知的專業內容或許還可以做到對答如流，但若遇到不清楚，或者不好回答的問題，我們又該怎麼回應呢？

首先，先跟大家分享一條心法：跟主管對話，就是相互交流、訊息同步的過程。很多情況下，我們把主管看得太權威，以致說話小心翼翼。但實際上，主管只是需要一些真實的訊息，來推動策略工作，所以，我們只要如實告知就可以了。

當然，最令人頭痛的就是，主管會讓我們分享一些自己的感受，這該怎麼辦？該說什麼樣的感受才是對的，才是主管想聽的？在這裡，**我教給大家一個技巧，那就是，主管說過的話就是主管最想聽的。**當我們被要求談感受、談感想的時候，直接引用老闆說過的話，可以輕鬆應對。

如果主管讓我們分享一下會議感受，你就可以嘗試這樣說：

「今天聽了我們的會議，我感受最深刻的就是王總提到的一句話：『一個人能夠面對多少人說話，他的成就就有多大。』這說明當眾表達這件事情是每一個人都需要具備的職場能力。當眾表達這件事情不可避免，隨時隨地都可能出現，比如我現在就是。所以，我建議從現在開始，在公司內組織一些活動，比如讀書分享會，促使大家鍛鍊當眾表達的能力。必要的時候，還可以請一些演講資深人士來給我們上課。以上是我的想法，謝謝大家。」

抓住主管所講的話中的「關鍵話語」，就可以很好地應對主管提出的問題，並且也不會出錯，還可以讓主管產生一種自己影響到了員工的成就感。

主管說話態度差，
緩解情緒只需一句話

　　經常會有一些職場人說：「老闆好像不喜歡我。」、「老闆說話態度好差。」、「老闆怎麼那麼強勢？」在職場上，我們會有這樣的感覺並不奇怪，也並不陌生，主要是因為職場節奏太快，上級追求結果與目標，而有些下級追求過程和感受，造成了兩者對立的關係。但仔細想想，其實老闆的態度差，並不一定是針對你，實際上，他是針對所有人。

　　張玉的主管總是非常嚴肅，開會的時候面無表情，一副盛氣凌人的樣子。所以張玉開會的時候都很緊張，本來準備好的講話內容都發揮得不好。後來，張玉發現公司的王磊在開會的時候從來不緊張，總是侃侃而談，講得也非常好，但老闆的表情也沒有什麼非常的變化。

　　這時，張玉才意識到，原來老闆不是在針對自己，而是在針對所有人，對所有的人都是同一種態度。張玉這才慢慢放鬆下來，原來老闆的「鐵面無私」不是因為員工表現的好壞，主要是因為老闆自己想用嚴肅的狀態引起員工的注意和重視。所以，他才總是擺出一張很嚴肅的臉。

這種情況很常見，我前後授課 10 餘年的時間裡，遇到了很多跟我反映類似問題的同學，他們往往太過於在乎對方的看法。實際上，老闆這樣的表現不一定就是對誰有看法，而是「他就是那個樣子」。所以，我會告訴他們：請把老闆當人看，請把老闆當人看，請把老闆當人看。重要的事情說三遍。老闆也是一個普通人，每個人在成長過程中都會有各種不同的經歷，有些人調節得非常好，很會與人相處，有些人卻認為「嚴肅是我的保護色」，他覺得只要自己嚴肅地對待別人，別人就可以重視自己。當他給了自己一種這樣的信念，他就會在工作場合中處處表現出嚴肅的態度。

總之，在與主管對話時，不論主管的表情如何，說話語氣如何，我們只要記住一句話：老闆也是一個普通人，不是神。在內心無時無刻不告訴自己這句話，就可以幫助大家解決很多令人緊張的問題。

Part3　有應對：輕鬆應對任何提問

主管說話猜不透，運用反問聽懂「內涵」

　　在一些公司裡，很多員工都不知道主管所說的話的真正含義是什麼，好像每一句話都聽懂了，但是總做不對。有這種現象的主要原因是：我們沒有聽出主管背後的意思。中華文化博大精深，人和人又並非一模一樣，有些人認為這句話不能這麼說，否則會有不好的影響，於是說一堆話來修飾真正想要表達的意思。當主管這樣做時，是否能聽懂他背後的意思就很關鍵了，往往聽得懂的人才會被重用。

　　一家培訓公司開內部會議，議題是是否要開發新的產品線。

　　一個同事問：「可否與已離職的同事甲合作，他之前曾負責過相關產品，公司為此也花費了不少精力。」

　　老闆說：「也並非不可以，但是甲這個人的自我驅動力不夠強。」

　　會議結束後，提建議的同事問其他同事，老闆這句話的意思到底是可以用還是不可以用甲呢？

其實老闆已經明確表示了甲這個人不行，但是這一句話還是需要仔細思索的。如果在職場上遇到這種問題怎麼辦呢？可以運用「**反問**＋**察言觀色**」，來確定主管的意思。

假設還是同一個問題：

員工：「在這個專案上可否跟之前離職的同事甲合作？主要原因是甲的產品在公司是已有產品，而且之前公司花了一些精力在做。」

老闆：「也並非不可以用，但是甲這個人的自我驅動力不夠強。」

員工：「那您覺得公司的同事乙怎麼樣呀？他跟甲相比能力上稍微差了點，但是前期夠用，是在職員工。」

老闆：「嗯，可以觀察觀察。」

透過反問老闆，我們已經非常清晰了老闆的想法，在職員工能力強不強另說，但是離職的同事甲不能用，「自我驅動力不強」只是一個藉口，主要原因是甲多次跳槽的這種行為，讓他無法勝任公司的核心業務。

在職場中這樣的現象實在是太多了，如果無法確定，就先用反問的方式再次確定主管的想法，甚至需要多次反問才能最終確定。

面試官丟擲一個沒有準備的問題，怎樣回答才不尷尬？

如何在面試中運用自己的表達能力脫穎而出，一直是一些職場人非常困擾的問題。就像我跟很多人說的那樣，在我們的人生中總有一些場合不常遇到，但是一旦遇到，會對我們的職業生涯乃至人生產生非常重要的影響，比如面試。

很多人在面試的時候都會遇到類似的情況，面試官丟擲來一個問題，我們卻不知道該怎麼回答。

王青應徵時，透過了第一輪的無主管小組討論的面試，進入第二輪面試，由兩個面試者同時面對一個面試官。面試過程中，面試官提出一個問題：「請問二位，在上一輪的面試中，你們覺得你們兩個人誰表現得更好，誰表現得更差？」王青作為第一個回答的人，當場就愣住了，吞吞吐吐地說：「啊，我覺得⋯⋯我覺得我們表現得都不錯。」

我們遇到這樣的面試提問時也會很茫然，這樣的問題應該如何回答呢？實際上，面試官並不是在難為面試者，而是在考察面試者的情商。因為在職場中我們一定會遇到人際關

係問題,面試官是想看在處理人際關係問題的時候,面試者會是怎樣的反應。

那這樣的問題應該如何回答?原則上當然是誰也不得罪,同時,還要突顯自己的優勢。可以嘗試這樣說:

「面試官您好。剛才我們兩個人在面試中的表現我覺得各有千秋,他的優勢在於勇敢,因為他是第一個發言打破僵局的人,而我的優勢在於邏輯性和表達能力,我梳理了所有人所講的內容,最終作為總結者進行了總結。所以,我們兩個在各自擅長的部分都表現得很好。」

這樣的回答只講具體的部分,並且不得罪他人,就會有很好的效果。

面試官問為什麼從前公司離職，怎樣完美回答？

為什麼從前公司離職，是面試中一個比較常見的問題。其實，在面試中，面試官問的每一個問題都不是隨便問問的，每一個問題的背後都有他們想要獲取的資訊。關於「為什麼要從前一家公司離職」這個問題，面試官主要想考察的是面試者的人際關係及其職業預期。

實際上，我們來分析離職這件事情。職場人離職無非是以下幾個原因：對薪資不滿意、對公司發展不滿意、人際關係相處不好、個人身體或者家庭原因。而面試官在這4個原因中最在乎的就是人際關係問題，因為人際關係是大部分職場環境中很重要的一部分。所以，面試者在面試時，應該盡量避免談論人際關係問題，因為一旦提到自己是因為人際關係不好而離開了上一家公司，那你被錄用的可能性就會非常低了。建議大家這樣說會比較好：

「我從上一家公司離職的主要原因是發展問題，薪資待遇其實是在逐年增長的，跟同事之間相處得也很融洽，唯獨存在發展問題。因為我想挑戰全國市場，而前公司只希望發

展本地市場。這一點，對我個人而言非常遺憾。同時，我也非常感謝老東家，因為在前一家公司我學會了很多，不僅收穫了信任，還收穫了很多經驗。所以，看到貴公司是全國性的企業時，我願意來挑戰一下，發展對我目前而言是很重要的一件事情。」

這樣的回答的好處展現在感恩上。千萬不要離開前一家公司後，便在背後對前一家公司頗有微詞。所有的企業都會擔心，員工是否會在離職之後對公司多有抱怨，正在面試你的新公司也是如此。

Part3　有應對：輕鬆應對任何提問

面試官問是否已婚，怎樣機智應對？

在面試的時候，我們也會遇到一些看似比較私人的問題，比如：是不是有男朋友／女朋友、是否已婚、家裡有幾個人等。這些問題比較隱私，面試官問起時，有的人會覺得不太受尊重。面試官其實不是關心你的私生活，而是想透過這個問題，了解面試者是否能夠在公司長期工作下去。

培養一個人需要花費很多成本，不僅僅是薪資，還有人力成本、精力成本、試錯成本等。如果一名員工培訓過後沒有多久就離職了，這對公司來說是一種人力成本的損失。所以人力資源部在應徵的時候，要再三確認面試者是否會因為各式各樣的原因離職，特別是因為家人的關係離職。

作為面試者而言，我們聽到這類問題之後也不必不高興，或者覺得面試官不尊重自己，只需要在知道面試官提問的意圖後，有針對性地回答就好。如果面試官問你關於婚姻狀況的問題，你可以嘗試這樣回答：

「我想您一定不是想了解我的私生活，您是想問我是否

能夠在貴公司長期工作。我目前的感情狀況穩定,兩個人都在本地工作,所以不會因為家庭和感情因素而影響到正常的工作。」

　　不論是否已婚,當面試官提起的時候,我們只要想成功入職這家公司,就一定要表現出可以長期工作的態度,這樣才會更順利地進入下一個面試環節或者直接被錄用。

Part3　有應對：輕鬆應對任何提問

Part4　有話說：
拒絕沉默，合理表達

Part4　有話說：拒絕沉默，合理表達

一群人突然沉默，如何化解尷尬？

在日常交往中，人們最常見的尷尬場景莫過於幾個很久沒見的朋友或者同學聚在一起，講著講著沒話聊了，然後雙方都玩起了自己的手機。

為什麼沒話聊呢？很多情況下沒有話聊，是不知道該聊什麼樣的話題能夠引起共鳴，也因為大家很久都沒見了，彼此的興趣愛好和關注點跟以前都不太一樣了，彼此之間產生了一些差異，所以才會一時之間不知道聊什麼。

確實，隨著年齡的增長，我們的生活環境、工作環境不斷變化，我們跟很久不見的朋友和同學在一起溝通的時候，本以為可以聊的話題，可能因為觀點、想法的不同，不能很好地進行下去。

觀點、想法不同，那就換一些話題來聊。「尬聊」人士或者話題「終結者」們最大的問題是，只聊一個話題，然後把話題聊到了盡頭，就沒有什麼可聊的了。而會聊天的人，會透過一個話題延伸出很多話題來進行討論、分享。推薦 3 種方式來幫助大家緩解「尬聊」的問題。

1. 多問開放式問題，讓對方多說

通常情況下，導致話題終結的主要原因之一，是彼此的對話中有太多的封閉式問答。問答主要有兩種方式，一種是封閉式問答，一種是開放式問答。簡單來說，封閉式問答指類似於「是不是」、「好不好」、「對不對」、「能不能」這種只需要簡單回答的問題。而開放式問題是類似於「怎麼看」、「怎麼做」、「怎麼想」、「怎麼運用」、「感受是什麼」這種需要一長段解釋來回答的問題。

如果在跟朋友聊天的時候，我們經常採用封閉式問答，那對方的回答也會很簡單。比如：

問：「最近忙嗎？」

答：「忙。」

問：「你喜歡運動嗎？」

答：「不喜歡。」

……

這樣的對話模式，誰也聊不下去。但是開放式問題就不同。

問：「最近忙什麼啊？」

答：「其實也沒有忙什麼啦，就是上班、帶孩子、偶爾

Part4　有話說：拒絕沉默，合理表達

看看書、逛個街什麼的。」

問：「哈哈，那都看什麼書啊？」

答：「其實也沒什麼啦，最近覺得自己的表達能力需要提高一下，就看了一套書，內容寫得還可以，裡面講到的方法很實用。」

從這兩個簡單的對比中我們不難看出，提出開放式問題時對方的回答內容，遠遠超過封閉式問題的回答。其實要想緩解尷尬的氣氛，很重要的一點就是讓對方多說，然後從對方的話裡找話，而並不是自己苦惱地想怎麼去開啟一個新的話題。

例如，上面的那段開放式問答的對話中，對方提及了「其實，也沒忙什麼啦，就是上班、帶孩子、偶爾看看書、逛個街什麼的」。這一句話中就包含很多資訊，這些資訊每一個都可以是下一個話題。比如：最近上班都在忙什麼？小孩最近怎樣了？看的什麼書？一般去哪裡逛街？等等，都可以開啟下一個話題。用開放式問答引導回答的同時，又從對方口中找到了可以開啟的下一個話題，並且也基本能夠確保對方是對這個話題感興趣的，畢竟沒有人會對自己說出來的話不感興趣。

2. 聊聊當下熱門話題

當下大家都關注的熱點話題也可以聊一聊,比如,近年來大家都關注的疫情、人工智慧等話題。再比如特定的節日、特定時期的大新聞等,或者一些娛樂綜藝節目。聊聊這些大家可能都關注、有興趣的話題,就不會產生太多的「尬聊」了。

3. 聊聊對方的變化

也可以直接從對方入手,讚美一下對方最近的氣色、穿衣打扮,以及在對方的社群網站看到的一些訊息等,從這個部分切入話題,會更容易引起雙方的共鳴。畢竟對方的社群網站發什麼,一定就希望別人也關注什麼。

Part4　有話說：拒絕沉默，合理表達

第一次和客戶見面，如何保持愉快氛圍？

通常情況下，人與人的第一印象在 7 秒鐘內就已經形成了。所以很多人往往很在乎在與他人的第一次見面和相處中，自己是否能夠給對方留下一個好印象。尤其是第一次見客戶時，我們都想給彼此留下一個好印象，保持一個愉快的溝通氛圍。

那麼我們該如何保持與客戶見面的愉快氛圍呢？我建議從 3 個方面入手：

1. 細心準備

如果在見客戶之前沒有提前了解對方的情況，那就太遺憾了。因為在什麼都不了解的情況下，別說找到話題了，你連如何好好招待對方都做不到。那要怎麼了解對方呢？如果對方是知名人士，網路上一定可以查到他的相關資訊。如果對方不是名人，那也一定有認識他的人，找到一個中間人，就可以提前了解一些對方的基本情況。

比如，之前我去一位剛認識不久的朋友家做客，一個小細節讓我對他的印象非常好。當時我們點的外賣，他指著其中一道菜跟我說：「這應該是你喜歡吃的，而且我特地沒有讓廚師放香菜。前幾天我問了一下小劉，關於你的飲食偏好和忌口。」我一聽很驚喜，因為我不吃香菜這件事，很多人都不知道。而他細心地了解了這個資訊，這讓我對他很有好感，後期我們在工作上也有了進一步的合作。

所以，在開口說話前，先細心蒐集一些能夠找得到的資訊，這樣才能促進良好的溝通氛圍。

2. 用心布置

還有些人在接待客戶之前，會提前到接待地點細心布置，甚至有些人會提前到接待地點，先測試一下椅子坐著是否舒服，一些物品的擺放和準備是否到位，如果不行會立刻換掉。保持良好的溝通氛圍的前提，是先營造一個能夠給人帶來好心情的環境。

3. 用心溝通

做足準備之後，就要開始面對面溝通了。進行面對面溝通時，如果對方看到了我們做這麼精心的準備，也會因為我

們的用心而多出幾分好感。那溝通時怎樣保持愉悅的氛圍呢？這就要求我們在說話的時候要關注對方，具體包含以下幾個方面：

A. 留意對方的講話內容，找到對方關心的點

上一節中我們有提到，要用開放式的提問引導對方多說。這個技巧的主要目的，是從對方說話的內容中找到下一個關聯的話題，以及找到對方所關心的點，留心記下重要的內容，之後很可能會派上大用場。

之前有一個銷售做得非常好的朋友，給我講過一個這樣的故事：

「我想我自己能夠這麼快地把銷售做好，其實也並沒有什麼祕訣，而是我更留意對方說的話。之前有一個客戶在跟我聊天時不經意提及了這樣的一段話：『兩天前我太太過生日的時候，我送給了她一條項鍊，她非常喜歡⋯⋯』我和客戶不經意間的閒聊讓我得知了一個資訊，他太太兩天前過生日，隨後我馬上查了日曆，把這一天記錄了下來，之後第二年的這一天，我發了一則訊息給這位客戶：『王總，您好。記得您去年說過今天是您太太的生日，我在這裡代表我們公司祝您太太生日快樂，並給您太太準備了一份小禮物，已經寄送出去了，請您留意查收。』可能就是這一則訊息，讓這

位客戶很受感動，之後我們的合作更密切了，他也成了我目前為止最大的客戶。」

B. 察覺對方在交流中的情緒

在溝通中還要留意對方在交流中的情緒變化，當對方的情緒有一點不好的時候，這個話題就不要再進行下去了，趕緊轉移話題，讓良好的氛圍保持下去。

C. 表達自己觀點的時候，關注對方的反應

在發表自己的觀點和想法時，我們也要關注對方。因為每個人的思想、經歷、環境不同，所以，我們表達出來的東西並不一定能夠讓對方全盤接收。其實也不需要對方全部都接受，只需要在我們的想法傳達出去的同時，多關注一下對方的表情和神態，這樣有助於進一步開展話題。一旦感知到對方對目前的話題不感興趣或者表情中展現出了不理解，那就立刻轉換話題，或者解釋清楚。

總之，要想保持與客戶溝通的良好氛圍，就要做個有「心」人。

Part4　有話說：拒絕沉默，合理表達

與主管一起坐車，如何不冷場？

　　與主管獨自待在密閉空間裡是很多職場人非常擔心的問題。不知道說什麼，又不希望冷場。有些職場人還想透過與主管一起坐車的機會展示自己，給主管留下一個好印象。

　　那什麼樣的話題可以讓我們在與主管一起坐車的時間裡保持不冷場呢？下面給大家介紹 3 個方法。

1. 請教主管

　　向前輩請教工作經驗是我們在職場中常有的情況，但是有很多人忽略了主管就是最優質的同事。所以，如果跟主管在一起坐車，而且坐車的時間又不短的情況下，請教是最好的交流方式。讓主管分享經驗，不僅能緩解冷場，還能學習更多的經驗，有助於之後的業務開展，同時會讓主管感覺到我們是很好學的人。

　　比如，我們可以嘗試這樣問：

　　「主管，聽我們的老同事說，您當年是我們業務部的傳奇人物，自己一個人就完成了全組 50% 的業績，我這裡有

個客戶比較難搞，正好難得有這樣的機會，我想請教一下您，可以嗎？」

「主管，雖然我來公司的時間不長，但是我很明顯地感覺到您對這個行業的熱愛。在當代社會中，對自己的職業懷有這樣熱愛的人已經不多了，我想問問您，是什麼原因讓您加入這個行業的呢？我想這對我一定會有所啟發。」

「主管，我發現很多同事都非常欣賞您，您帶的團隊也非常有凝聚力，我非常想知道您是怎樣做到的，因為不是每個主管都有這樣的好人緣的。」

2. 聊對方感興趣的話題

如果提前知道要與主管一起坐車或者坐飛機的話，可以提前向其他同事打聽一下，主管最近對什麼比較感興趣或者比較擅長做什麼，這樣在路途中就可以聊對方感興趣的話題，也會更容易拉近與對方的距離。

比如，當我們得知對方喜歡運動的時候，就可以這樣說：「主管，一直聽辦公室的同事說您是一個健身愛好者，而且您的身材太讓我們羨慕了，您是怎樣保持的啊？我就很難做到！」

當我們得知主管很喜歡歷史的時候，可以嘗試這樣說：

「主管,我自己非常喜歡明朝的歷史,聽說您對明史非常有研究,我想趁這個時間跟您好好交流一下。」

當我們知道主管對形象管理非常在行的時候,可以嘗試這樣說:「主管,怎樣才能擁有跟您一樣的氣質呢?每次看您的穿衣打扮還有妝容,都太有氣質了。您平時是怎樣保養的呀?」

3. 談談自己的感受和想法

除了請教和聊對方感興趣的話題之外,我們還可以談談自己看待一些事物和問題的想法和感受。比如,當下的熱門話題很多人都會關注,我也不例外,因此我們可以跟主管交流彼此的觀點和想法。再比如,在公司工作了這麼久的時間,我們可以利用這個契機談談自己的工作感受和想法,當然是往好的方向談。再或者,一般情況下,主管會問我們對於某事的一些看法和感受,我們也不需要過於緊張,其實主管也擔心這樣的場景中不說話會尷尬,所以,我們只需要正常回答就好。

總之,在坐車的時候跟主管聊天可以看作跟朋友聊天一樣,大家都是為了緩和氣氛、打發時間而已。

多年不見的朋友相聚，
如何製造話題？

有很多人不僅在職場上面對客戶、主管時不知道怎麼「破冰」，開啟話題，甚至在相對輕鬆的生活場景中，也不知道該如何開啟話題，與別人拉近距離。比如，很多年不見的同學、朋友間的聚會中，大家常常不知道說些什麼好，只能紛紛滑手機。

多年不見的朋友相聚，如何製造有效的話題讓大家一起討論呢？下面有3個製造話題的方法，可以借鑑。

1. 聊聊回憶

人與人之間有話聊和沒話聊的其中一個重要影響因素就是有沒有共同點，如果有共同點，我們會說：「大家很投緣。」如果沒有共同點，那麼製造起話題來就會比較辛苦了。多年不見的朋友之間最能夠展現共同點的部分，莫過於當年的共同回憶。

彼此之所以能夠成為朋友，一定是曾經有某種非常的共

Part4　有話說：拒絕沉默，合理表達

同經歷。

王蓓與劉莉是將近 10 年沒見的朋友。兩人 10 年前曾在同一個培訓班裡學習，因為班裡當時只有她們兩個女生，所以那個時候兩人很要好，經常一起出去吃飯，探討學習上的事情。後來培訓結束，王蓓又因為工作關係調到了外地，兩人就不曾見面了，成了只是會在社群網站裡相互點讚的關係，鮮有交流。

有一次劉莉出差到了王蓓的城市，正好兩人都有時間，於是約出來見面吃飯。本來王蓓還擔心兩人見面不知道聊什麼，不過劉莉也算是有備而來。兩人寒暄過後，劉莉立刻挑起話題：「我們有 10 年沒見了。還記得 10 年前我們一起參加那個培訓班，那些日子還是歷歷在目，彷彿是在昨天一樣。」這一提醒也勾起了王蓓的回憶：「是啊，我們那個時候還很年輕，心裡只想著玩，都沒怎麼學，天天聊八卦，還關心培訓班裡哪個男生帥，哈哈哈，現在想想都不好意思。」就這樣，氣氛又活躍了起來。

所以，跟多年不見的朋友見面，最好的話題就是共同擁有的回憶。

2. 聊聊對方擅長的事情

除了可以聊共同的回憶之外，還可以聊對方擅長的事情。因為人都對自己擅長的事情很感興趣，而且人人都想在別人面前獲得關注，聊對方擅長的話題就是很好的方法。我們可以嘗試這樣說：

「記得你當初非常喜歡中華傳統文化，還給我們分享《道德經》、《曾國藩》等書裡的內容，當時我就覺得你不是一般人，二十幾歲就有這樣的思考，這實在是太厲害了。現在你對這些還有研究嗎？」

「那個時候我們一起打乒乓球，你可是我們的種子選手。那時候我們還一起跟職業隊比賽，要不是你，我們就輸慘了。你現在還打球嗎？」

「還記得我們剛認識的時候就是在一個汽車展上，那個時候我本來只是隨便看看，你卻熱心地幫我介紹了起來。我還以為你是工作人員，沒想到你只是個汽車愛好者。現在你還經常去看展覽嗎？」

像上面這樣進行表達，聊聊對方擅長的話題，這樣的話題對方很願意分享的。

Part4　有話說：拒絕沉默，合理表達

3. 聊聊未來

聊過了回憶，讚美了對方擅長的事，雖然很久不見，但當時朋友的感覺可能已慢慢找回來了，朋友之間就可以聊聊未來了。未來的樣子是安逸的還是奮鬥的並不重要，重要的是朋友之間交流的時候，我們可以感受到對方的思想和觀點，思維的碰撞是一件很有意思的事情。

即使對方的想法與你的完全對立也沒有關係，也不必評判，畢竟觀點沒有好壞，但我們能夠看出朋友在這多年裡的成長與進步。所謂「三人行，必有我師」，其實這個時代人人都是彼此的燈塔、老師，交流就是最好的學習方式。對未來的想法是一個很好的話題，說不定還可以帶來進一步的合作或雙贏。

聚會時有人發生爭執，
如何平復大家的情緒？

會說話的人，不但是平常朋友中會聊天、職場中會表達的人，更是在遇到衝突時，可以有效化解矛盾的人。

我們一生會遇到很多人，人與人都不相同，有時這些不同會導致一些小摩擦甚至爭執。很多人表示，在爭執完冷靜下來之後，都會後悔自己當時的所作所為。如果是我們自己，在多人聚會的時候遇到別人發生衝突，應該如何處理比較好呢？關於如何平復情緒，下面有 3 個步驟可以幫忙化解爭執。

1. 先讓對方坐下來

我們細細想來會發現，人與人起爭執時，肢體動作往往可以反映人的情緒狀態。我們會發現人在吵架的時候都是站立的，甚至有一些身高不占優勢的人為高過對方，還會採取踮腳甚至跳起來的方式。因為人一般會認為，當自己比對方高時，就會在氣勢上壓過對方。

Part4　有話說：拒絕沉默，合理表達

當我們發現這個肢體規律後，再細想一下就會發現，幾乎沒有人會坐著吵架，一般都是站起來吵架的。即使是夫妻之間，坐著或者躺著也無法吵架，真的要吵時，一定會有一個人先站起來。

如果在聚會上有人發生爭執，首先，我們要先讓雙方坐下，因為站著時「戰鬥」狀態最強，坐下來後就會好很多。美國情緒管理專家羅納德博士透過研究顯示，人最憤怒的時間最多不會超過 12 秒，所以當控制住了這 12 秒，人就會漸漸冷靜下來。而坐下來又會使情緒點降低，更有助於對方平復情緒。

2. 感性共鳴

當讓對方坐下來之後，有很多人都採取了錯誤的方式安慰：「別生氣。」因為人的潛意識當中是不接受否定詞的，而且在這個時候，人也聽不進去所有理性的分析。所以，要想真正讓對方的情緒平復下來，在坐下來之後，我們要先感性共鳴，嘗試用肯定的方式來跟對方達成情感上的一致。可以在下面 3 種肯定方式中，任選一種最符合當下場景的方式來使用。

A. 肯定對方的情緒

「我們先坐下來。如果我是你，我也會生氣，你的心情我很理解。」

B. 肯定對方的動機

「我們先坐下來，他剛才說那句話容易讓人誤會，凡是有家庭的人都會不高興。」

C. 肯定可以肯定的部分

「兄弟，你能坐下來，證明你是個很有修養的人，剛才透過你們的對話，我也能感受到你是個能夠理性分析問題的人。」

先用肯定的方式進行情緒共鳴，當對方聽到有人贊同自己時，他便不會覺得自己是一個人，所以情緒上也會有一定的緩和。但也有些人會「嘴硬」，這需要我們在讓對方坐下來的時候，先給他倒杯水，然後看著他的眼睛真誠地肯定他，讓他的注意力集中到我們這邊來，從剛才的氛圍中走出來。

如果情況激烈，有必要的話，可以將雙方拉到遠一點的地方坐下來，再來進行肯定的表達。

3. 理性思緒

　　從肢體上控制行為，從心理上達成共鳴之後，我們需要讓對方做出理性的分析。所以，要用引導的方式讓對方說出問題以及答案。這時需要我們善用提問的方式。

　　「剛才怎麼回事？我一不留神就看你們吵起來了。你不像是這樣的人啊。」這句話說完後，對方會將注意力放在解釋事情的發展上。

　　「原來是這樣，他為什麼要這麼做？不會突然就這樣吧？你覺得是為什麼呢？」這句話一出，他會嘗試從對方的角度來思考問題。

　　「我覺得也是，你分析得很有道理，這麼出色的你，會如何化解這樣的矛盾呢？」這句話會讓對方將注意力放到思考如何解決矛盾上。

　　注意，這3點的順序不能有改變，如果任何一點沒有做到位，那就很難讓對方的情緒平復下來。

遇到「吵架王」開始爭執，
如何讓對方冷靜？

　　遇到「吵架王」的情況在日常生活中並不多見，但也並不少見，不多見是因為生活中這樣的人並不多，不少見是因為「吵架王」越來越頻繁地出現在當今網路時代，如在群聊、評論、直播中等。

　　我授課的 10 年時間裡，令我印象最深刻的一次抬槓，是一位同學在課堂上當場對我提出質疑。事情大概是這樣的：

　　有一次我在北京某個機構裡講授職場溝通類的課程，在與同學分享交流的時候，大部分同學都是頻頻點頭，只有一個人雙臂交叉於胸前並頻頻搖頭。對於一個從業 10 年的講師來說，我已經很久沒有遇到過這樣的「挑戰」了，因為一些課程講久了我就會覺得大家的反應都在我的預料當中，只有這一位同學的反應在我的預料之外，我非常想知道他的想法。於是充滿好奇心的我，邀請了這位同學發表自己的想法。

Part4　有話說：拒絕沉默，合理表達

我說：「請問這位同學，感覺你是一個非常有想法的人，願意跟我們分享一下嗎？」

學員說：「老師，我覺得你講得挺好的，但是講得不對，不符合我們公司的現狀。」

因為同學們來自各行各業，所以講師更多的是講一些普遍性的案例，很難做到具體情況具體分析。

我立刻反應過來，這可能是遇到「吵架王」了。這類學員，不論上什麼課程都很難換位思考，一定要從自己的角度出發，來解決自己的問題，行使自己的權利時也不會考慮其他人的想法。一般這樣的具體案例，絕大部分學員會選擇下課來找老師進行諮詢，而不是在課上提出質疑。

我猶豫了一會兒，回答道：「非常好，這位同學，你說得對！」

這位學員頓時有些不知所措，他認為他在挑戰講師的權威，沒想到講師並沒有反駁，卻用「你說得對」來回答。

我接著說：「因為溝通問題，都是很具備個性化的問題，我們面對的人、環境不一樣，溝通問題時肯定會有些差別。在對你的公司進行了解這件事情上，我確實沒有你更了解具體情況，如果可以，你能夠詳細描述一下你的問題，來跟我們分享一下嗎？也讓我們大家一起幫你看看怎樣解決會比較好？」

最後透過具體探討，我們完美地解決了他的問題。

我講述親身經歷是想說明，當我們面對面地遇到「吵架王」時，與其反對他不如贊同他，「你說得對」的回應方式幾乎屢試不爽。「吵架王」本來以為自己一定會得到回擊，所以，要出其不意，用贊同替代回擊。

平常面對面遇到「吵架王」的情況確實不多見，但是網路上就不一樣了。那幾乎是每時每刻都能遇到，小到群組聊天室，大到各大社群平臺上的留言、直播留言，處處都有「吵架王」的影子。

假如在直播中遇到「吵架王」，主播們該如何應對？有3種方法可以採用。

1. 無視

看見就跟沒看見一樣，「吵架王」們吵累了，也就自己退下了。

2. 回擊

這個時候是建立主播「人設」的時候，可以溫柔地懟回去，也可以強硬地回擊。回擊了一次後，就不必再理會。總

之，要讓所有觀眾看到主播面對事情的態度，並注意維持好直播的氛圍，因為直播從某種程度上來說就是一次當眾演講，主播要更側重於維護整個直播的整體氣氛，不能因為一個人而放棄了一群人。

3. 你說得對

仍然用我上面說的那種方法，用贊同來回應，直接、快速地跳過這個話題，進行下一個話題，保持直播間氛圍和諧。

總之，無論是日常生活還是網路上，「你說得對」這種贊同式的回應，都會給整體的談話氛圍帶來正面的效果。

有人打聽你的薪資，
如何機智回應？

如果是同一家公司的同事來詢問你的薪資，這時你要非常警惕。我們不清楚對方打聽我們的薪資是出於什麼樣的目的，即使對方沒有目的，也很難保證他不會傳出去，並且絕大部分公司都是明文禁止員工之間打聽彼此的薪資的。

那當同事詢問我們的薪資時我們應該如何回應呢？我將從 3 個情境出發和大家分享對應的方法。

1. 老同事以「關心」新同事為由

有些老員工可能在公司工作了許久也沒有漲薪資，於是就喜歡從新人下手，尋求漲薪資的談判籌碼。而有些初入職場的新人一不留神就容易被當「槍」使。所以，當有剛認識的老員工藉「關心」為由，打聽你的薪資時，你不必認真回答，只需要換一種反問的方式來替代正面回答就可以了。

老員工：「小王，看見你們這些年輕人我真是羨慕呀。你們現在底薪多少啊？猜想比我那個時候高啊。」

Part4　有話說：拒絕沉默，合理表達

新員工：「劉姐，你真是說笑了，就算是我們的底薪高了，總收入也遠遠不如你們啊，畢竟你們是公司的中流砥柱啊，比不了。而且我現在是月光族，錢都不夠花的。羨慕劉姐你啊，那麼會理財，想必整體收入也比我們高出一大截，是吧？」

把問題再拋回給對方，不做正面回答。用半讚美半迴避的方式，先抬高對方，不對自己的薪資數目進行回答，同時運用反問，就可以機智回應。

2. 老員工之間的勝負欲

有些老員工彼此之間的勝負欲非常強，總想知道對方的薪資水準到底有沒有高過自己，也擔心公司偏心，沒有一碗水端平，所以有時候會彼此試探對方的收入。如果大家遇到這樣的情況，無須爭執，迴避或者轉移話題即可。

3. 新員工到處打聽

還有一種情況是新員工到處打聽，擔心自己進公司的時候薪資談低了。作為老員工遇到這樣的情況時，不僅不能告訴對方我們的薪資，還要委婉地提示新人努力工作總會有回報的。

新員工:「王哥,我們都喝過這麼多次酒了,我也覺得王哥是個非常可靠的人。我有個事想問一下王哥。」

老員工:「說吧,什麼事?」

新員工:「王哥來公司也有 3 年了吧。您現在的收入?」

老員工:「我現在對我的收入還挺滿意的。」

新員工:「那您 3 年前來的時候薪資是多少啊?您知不知道其他跟我一樣時間來公司的人的薪資是多少啊?」

老員工:「小劉,我 3 年前來公司時,可是公司剛起步沒多久的時候,待遇沒有你們現在的好。我也不太知道其他同事的薪資。我非常理解你的心情,誰到了一個新的環境都想多了解一下,但是我們公司你放心。王哥我也算是工作了好幾家公司的人了,這家公司只要好好做,升遷空間很大。我看好你呀。」

總之,職場中更多的是一種利益關係,薪資這類問題相對敏感,不正面回答就是最好的回答方式。

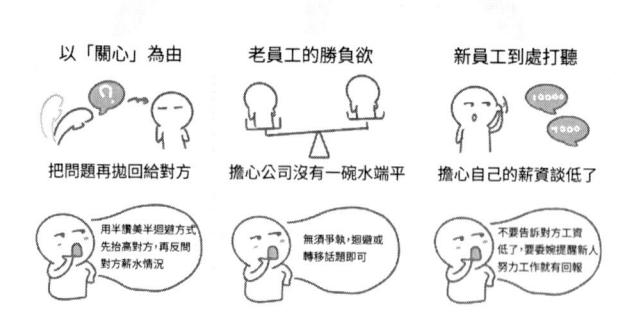

Part4　有話說：拒絕沉默，合理表達

欸，你薪水多少呀？

三招機智應對打聽薪水

以「關心」為由	老員工的勝負欲	新員工到處打聽
把問題再拋回給對方	擔心公司沒有一碗水端平	擔心自己的薪資談低了
用半讚美半迴避方式先抬高對方，再反問對方薪水情況	無須爭執，迴避或轉移話題即可	不要告訴對方工資低了，要委婉提醒新人努力工作就有回報

別人問女生年齡，
女生不願說，如何回覆或救援？

在生活當中，有些人總是會問一些別人不想回答的問題。我們不談個性化問題，就比如最常見的女生的年齡問題，有些人總是不分場合地問出口。很多女生都不願意說出自己的年齡，原因其實很簡單。因為傳統文化對女性的要求很高，如果年齡相對大一點，下一個話題很可能就是跟結婚和孩子有關，如果年齡相對小一點，下一個問題可能也是打聽戀愛婚姻狀況。而且現在很多女性崇尚獨立，更希望別人看到自己的能力，而非年齡、性別。

如果在我們身邊，有人丟擲這個問題，恰好被問到的我們或其他女生不想回答，面露為難之色，我們該如何替自己或替她解圍呢？可以嘗試下面 3 種方法中的任意一種。

1. 岔開話題，聊別的八卦

直接岔開話題，用另一個八卦話題來取代這個問題。

「與其關心年紀，不如關心一下另一件事，你們知不知

道，我前兩天聽說某某明星和某某某明星在一起了，你們說這是真的嗎？」

八卦之心人皆有之，用人對八卦的好奇心蓋過對年齡的追問。

2. 利用反問，讓對方退步

直接反問一個問題，讓對方放棄追問。

「你怎麼那麼關心女孩子的年齡，難不成你看上人家了？」

一般這種情況，提問方都會忙著迴避，自己轉換話題。

3. 設定謎語、遊戲

「我看你對女孩子的年齡實在是感興趣，這樣吧，我們來玩個遊戲或者猜個謎語，如果你獲勝了，我把我的年齡告訴你。」

注意，使用這種方式的時候，一定要是自己真的有謎語或者遊戲，而且很多人都不知道答案，否則會弄巧成拙。

被人過度誇獎,如何自然地回應?

在我的其他著作中我提到過,人人都喜歡被誇獎。但我們身邊總有些人的誇獎過於誇張,讓我們陷入尷尬。遇到被過度誇獎,我們應該怎樣回應?

首先,我們要清楚對方是好意,接受讚美往往比拒絕讚美更能讓對方感覺舒服。所以,在回應的時候也可以運用反誇技巧。

當別人這樣誇你能力強時:「小張,你這也太厲害了吧,也就三十出頭,這收入遠遠超過身邊人一大截,我從來沒見過像你這麼厲害的年輕人,阿姨真佩服你。」

我們可以嘗試這樣回覆:「阿姨,我也是真沒想到會有人這麼誇我。而且我也沒見過像您一樣這麼會誇人的人,以後我可要跟您學學如何誇人。」

當別人這樣誇你顏值高時:「我從來沒見過你這麼好看的女孩子,真的,我自詡縱橫職場十餘載都沒見過,你怎麼長得這麼好看呢?」

我們可以這樣回覆:「前輩真會說話,其實我就是一個

Part4　有話說：拒絕沉默，合理表達

普通女孩，之後在工作上還需要這麼會說話的前輩多分享點經驗呀。」

當別人這樣誇你情商高時：「我來公司也有5年時間了，像你這樣高情商的新人我還是第一次見，我非常佩服你既能催到稿子，又能跟作者保持良好關係。我甚至都看不出來你是個新編輯。」

你可以嘗試這樣回答：「您過獎了啊。我之所以有方法催到稿子，也是跟前輩學習了很多，然後結合了自己的風格，沒想到還挺奏效。多虧了前輩我才有今天的進步啊。感謝前輩，您才是高手。」

被誇獎的時候不必不好意思，最好的回覆方式也是誇獎。

本章透過實際場景，給大家在化解尷尬上提了一些建議和想法，讓各位讀者在遇到類似情況時不尷尬、有話說、大膽說。除此之外，還有些人最擔心的就是突如其來的即興發言。我們將在第五章中，幫助更多人做到即興開口，即興發揮。

Part5　有即興：
隨時隨地從容表達

Part5　有即興：隨時隨地從容表達

儲備草稿，即興表達心不慌

即興表達真的是完全無準備的表達嗎？其實並不然，即興是一個偽命題，很多即興表達能力好的人，在正式上臺之前一般都有儲備、學習、練習的過程。而最後在臺上那幾分鐘的呈現，只是水到渠成罷了。

練習即興表達能力，只需要在平時多留心發生的事，看手機的時候多留意一下好的文章、新聞，並多分享感受和評價就可以了。然後在遇到即興表達的時候，我們就可以運用平時累積的資訊和知識進行草稿的組織，這樣在上臺進行發言時就會有不錯的表現。

有一次，邱吉爾（Churchill）臨時被叫去做一場演講，在路上也沒有時間寫演講稿。當到達演講地點時，司機為邱吉爾開門：「先生，到了，請下車。」邱吉爾不說話，似乎在想什麼。司機以為邱吉爾沒有聽見，又說了一遍：「先生，到了，可以下車了。」邱吉爾說：「稍等，我還在準備我的即興演講內容。」

邱吉爾並沒有寫下一個字，而是透過思考自己即將要講的主題、內容、收尾，提前想好自己要講的內容的整體脈

絡。正因如此,才有了一次次經典的演講呈現給觀眾。實際上,好的即興表達離不開隨時隨地可以利用的草稿。當我們有了儲備,就可以做到心裡不慌了。有3種方法可以累積知識儲備。

1. 多留心體會身邊的事物

其實每個人的經歷就是最好的儲備、累積,只是很多人都忽略了自己身邊無時無刻都在發生的事情。當我們開始感知身邊的人和事的時候,我們自然而然也就有了很多素材和故事。

2. 認真使用手機

我們每天在手機上獲取的資訊是爆炸式的,比如看過的社群網站文章、短影片等,但常常是看過就忘了,這些其實都是我們可以跟別人分享的素材。不需要全部記住,只記住能夠記住的關鍵內容就可以了,因為記不住的通常不重要。

3. 注重隨時隨地的即興表達

不要等到上了舞臺再去分享,生活中處處都是舞臺,跟別人隨時隨地的分享就是在練習即興表達,因為我們不可能

Part5　有即興：隨時隨地從容表達

跟對方說：「你等一下，我寫個稿子再說。」把每次說話都當作練習，那我們練習的場合便是隨處可見的。時間久了，這樣的刻意練習就會帶來好的即興分享。

所以，心中有儲備，我們才能在即興的表達場合做到不慌不忙。

四個表達模板，即興表達有條不紊

即興表達除了需要有儲備，可以隨時打草稿之外，還需要有效的輸出方式，才能達到想清楚、說明白的效果。我介紹4個在即興表達中常用的模板，幫助大家有效輸出。

1.「百搭」模板：主題 —— 素材 —— 結論

首先，是使用頻率最高的「百搭」模板：主題 —— 素材 —— 結論。這個方法使用範圍廣泛，並且易上手，80%以上的場合都會運用到這個方法。

主題：先表達出自己想要說的中心思想、觀點。

素材：運用故事或者經歷來證明。

結論：根據故事或者經歷得出一個答案，與主題相呼應。

比如，在公司名為「策略」的討論會上，讓每個人都發表自己的看法，我們就可以運用「百搭」模板來進行發言。

「透過今天的策略討論會，我深有感觸：只有做好策略部署，才更有方向感（主題）。還記得我在前一家公司工作

的時候，公司在策略方面的工作做得比較模糊，可以說經常朝令夕改，讓員工們不知所措。而今天這次會議，我們確定了未來 1 至 3 年的策略規劃，無論是管理層，還是執行的員工，都會更加有方向、有目標，也會更好地推動之後的工作（素材）。所以，只有擁有了好的策略部署，工作才更有方向感（結論）。也非常感謝公司能夠給我們參與策略布局討論的機會，讓一切工作推動起來更加方便。」

2. 故事模板：情景 —— 衝突 —— 問題 —— 答案

有時，表達可以透過一個故事來讓大家意會，因為這樣的表達往往更能引發人的思考。怎樣快速組織好一個故事？一套故事模板分享給大家：情景 —— 衝突 —— 問題 —— 答案。

情景：描述故事發生的一部分情景。

衝突：情境中的衝突畫面。

問題：衝突中產生的問題。

答案：給出一個結論。

我最近經常會舉一個老和尚和一個小和尚的故事，來更好地為學員講述這種表達模式。

有一天，老和尚和小和尚坐在一起喝茶（情景），老和尚突然感覺到喉嚨不舒服，一口痰吐在了佛像的臉上（衝突）。小和尚一看，非常吃驚，張大了嘴巴，大聲地跟老和尚說：「師父，你在幹什麼？這是佛像啊，你怎麼能這麼做！」（問題）。老和尚看了看小和尚，嚴厲地回答道：「那我往哪裡吐？到處都是佛。」（答案）

這個故事充分運用了「情景 —— 衝突 —— 問題 —— 答案」的模型，讓觀眾立刻感覺到「好有道理」的感覺，也會引發觀眾的思考。很多時候，我們只需要引發觀眾思考就可以了，而直接運用故事能更好地達到目的。

3. 解釋說明模板：是什麼 —— 為什麼 —— 怎麼做

經常有一些專業人士會有這樣的困惑，明明是一件自己非常熟悉的事情，但是給客戶或者其他部門的同事講起來時卻異常困難。這主要是因為我們在給客戶進行解釋的時候，腦海中理所應當地認為客戶跟我們一樣是專業人士，而缺少了從非專業人士的角度來思考和解釋的思維。

首先，我們要知道，一個非專業人士在接觸到專業的內容或者產品時會產生的疑問，無非就是「是什麼 —— 為什麼 —— 怎麼做」，這種思考問題的方式其實也是解答的

Part5　有即興：隨時隨地從容表達

方式，我們同樣可以按照這 3 點來為非專業人士解答專業內容。

比如，我有位朋友是保險行業的從業者，手機 App 剛開始普及的時候，他的公司也推出了一款 App，希望廣大客戶都可以運用 App 來進行部分操作。但是，當工作人員跟客戶進行落實的時候結果卻並不盡如人意。他們雖然準備了專業話術，但是仍然無法讓客戶聽懂。於是，我讓他現場運用「是什麼 —— 為什麼 —— 怎麼做」的方式來進行了示範。

「你好王姐，好久不見，我是某某公司的小劉。今天給您打電話主要是想跟您分享一個好消息，我記得您之前跟我說，您總出差，所以有些保險的問題總是沒有辦法第一時間處理（為什麼會有這款產品）。現在，我們有一款新上線的手機 App，可以幫您快速處理這個問題（是什麼產品），只要您有手機有網路就可以搞定。操作很簡單，只需要開啟手機商店，下載某某 App……（怎麼做）」

透過上述描述，朋友便可以快速地跟非專業人士解釋清楚。注意，是什麼和為什麼的順序可以調整，根據實際情況，可以先說是什麼再說為什麼，也可以先說為什麼再說是什麼。

4. 分析現狀模板：現象 —— 原因 —— 解決方法

還有一種方式，是在培訓課程以及現象解釋的時候，大量會採用的模型：現象 —— 原因 —— 解決方法。

現象：描述現象中出現的問題。

原因：造成這個現象的主要原因。

解決方法：處理這件事情的解決方法。

比如，我在培訓演講的時候，總會有學員遇到一演講就緊張的問題。在我的上一本書以及相關課程中，我都運用這個模型來解釋這個問題：

「大家在演講緊張的時候，是否會遇到手抖、腿抖、腳抖、面紅耳赤、心跳加速等情況（現象）？緊張的原因主要由生理和心理兩方面因素造成……（原因），想要更自如地進行表達，我在這裡給大家推薦3個方法……（解決方法）」

這段文字完全是按照模型在套用，而且絕大部分培訓都會以這種方式開場。

■ Part5　有即興：隨時隨地從容表達

四個表達模板，即興表達有條不紊

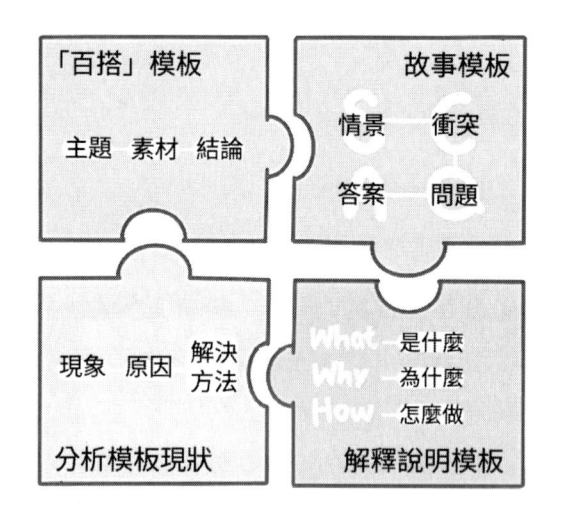

「百搭」模板
主題　素材　結論

故事模板
情景　衝突
答案　問題

分析模板現狀
現象　原因　解決方法

解釋說明模板
What — 是什麼
Why — 為什麼
How — 怎麼做

這樣玩遊戲，能提升即興表達能力

一直以來很多老師都在追求寓教於樂的教學方式。實事求是地說，學習的初期是枯燥的，但是學習的中後期是有趣味的。學習表達也是如此，學習和練習總是枯燥的，如何讓更多人喜歡上學習表達、練習表達呢？之前在《說話就是生產力》這本書中，我看到了一種運用撲克牌進行練習的方式，既能夠拓展思維，又能夠很好地鍛鍊即興表達能力。因此，我將這套「牌」打造成訂製款，在線上特訓營中進行教授、訓練以及配合短影片講解之後，很多學員都從中收穫頗豐。《說話就是生產力》中只有 3 種玩法，而且本質上是一種玩法的疊加，我在此基礎上又開發了幾種玩法。

【表達撲克牌玩法一】

抽取一張牌，造一個複雜的陳述句。

4 到 6 人為一組是最好的，如果沒有那麼多人，自己一個人玩也沒有問題。

Part5　有即興：隨時隨地從容表達

首先，隨便抽取一張牌，用上面的詞語造一個複雜的陳述句，而不是簡單的句子。比如你抽到的是「領域」這張牌，你不能說：「我知道這個領域。」這太簡單了。你可以這麼說：「我認為每個人都有自己擅長的領域，並需要在這個領域中扎根、努力、創新，才會有好的成就。」造完句子後，用「領域」這張牌問一個開放式的問題，比如：你覺得你的工作領域是什麼樣子的？然後再抽取一張牌，用第二張牌上的詞語來回答上一個問題，比如又抽到了「自信」，你可以說：「我可以自信地說，在我們的工作領域中，精準的數字就是我們每一個財務人的追求。」回答完畢後，再問開放式提問，接著繼續抽詞語進行回答。

【表達撲克牌玩法二】

玩法一是讓我們抽 1 個詞，玩法二就是抽 2 個詞。抽取 2 個詞造句，用 2 個詞提問，用 2 個詞回答。

具體操作步驟與玩法一相同。

【表達撲克牌玩法三】

跟上面方法相同，只是把 2 個詞改成 3 個詞。

【表達撲克牌玩法四】

抽取 10 張詞語牌，講一段故事。這個故事本身沒有任何要求，只要能夠成功串上 10 個詞就可以。如果想讓遊戲更刺激一些，可以限制一定的時間，比如 1 分鐘或者 2 分鐘等。

【表達撲克牌玩法五】

1 分鐘以內用比較有邏輯的話語串起更多的詞語。這個不難理解，但是另有要求。方法四是你可以看到 10 個詞語，而方法五是你一次只能看到 1 個詞，串上這個詞後，才能看下一個詞，並且要求整段話是有邏輯性的。

【表達撲克牌玩法六】

每人抽取一張卡片，抽取完畢後，裁判根據大家的牌來給這次遊戲定一個主題，並決定發言順序。然後所有人要用自己抽到的牌上的詞，來闡述這個主題。按照規定順序發言，每人說兩句話，然後下一個人接上，以此類推，拼湊成一段話。如何能夠讓對話符合主題就變得很重要。

比如，當 5 個人分別抽到了分辨、過程、思想、聰明、

推理5個詞。裁判設定的主題為：努力一定可以成功。

第一個人：

我認為每一個人都應當具有一定的分辨是非的能力，因為很多情況下我們自己追求的成功路徑不一定是正確的，也許是一條彎路，也許是一條岔路，也許這條路根本沒有盡頭。我們如果沒辦法去分辨成功路上的是非，就很容易讓自己誤入歧途。

第二個人：

沒錯，在成功這條沒有標準的道路上，我們可能會經歷很多，無論是挫折、困難，還是歡喜、榮譽，這些都是這條路上的重要體驗、重要過程。可以說是這條路上最值得回憶的一道風景線，你我都不容錯過。

第三個人：

在成功的過程當中，我們每一個人的思想、思維、認知都尤為重要，因為很多事不是你不會，而是不知道。對於策略方針的大方向的把握，將會成為能否成功的最重要的一個因素。

第四個人：

有思想、有策略、有行動的人，我們往往認為這種人是聰明人。聰明人不一定會走捷徑，聰明人不一定會有好的運

氣，但是聰明人一定有自己的智慧。

第五個人：

聰明人大多都有些過人之處，比如過人的推理能力。這種推理能力，我更多地把它看作是一種對未來的推理，是一種前瞻性，具有前瞻性的人往往可以走在事情的前面，這樣的人也更容易成功。

這 5 個人的兩句話的回答就串成了一段有內涵的話語。如果你對自學即興表達很感興趣，那麼就可以試試這個方法。

以上就是目前有的 6 種表達撲克牌的玩法。每當我介紹這個方式的時候，總會有朋友問我表達撲克牌從哪裡賣。目前市面上沒有銷售表達撲克牌的管道，各大平臺只有空白撲克牌銷售，中間的詞需要自己查詢。大家可以自己製作表達撲克牌。

製作表達撲克牌的方法：

(1) 購買空白撲克牌或者普通撲克牌。
(2) 隨便找一篇文章，找出其中的 18 個動詞、18 個名詞、18 個形容詞（包括 9 個褒義，9 個貶義）。
(3) 將找好的詞貼在撲克牌上。

Part5　有即興：隨時隨地從容表達

　　這樣，一套牌就製作完畢了。我們可以透過玩表達撲克牌遊戲，玩出好的即興表達能力，以後面對演講中觀眾的臨時反應，我們就能夠更好地處理突發情況了。

即興表達如何開場？
三步讓你一開口就獲得關注

很多人在臨時被要求分享和發言時，往往會不知所措，甚至連開場第一句話都不知道該說什麼。實際上，無論是準備好的發言還是即興的發言，開場的方法技巧幾乎相同。下面我將介紹常用的表達開場的 3 個步驟，幫助大家解決即興表達開口難的問題。

開場三步：問好、寒暄、自我介紹。

問好：99% 的場合中，開口表達的第一句話都是問好，不論是平時的打招呼還是舞臺上的正式分享皆是如此。只需要根據場合的不同，在使用時進行微調就可以了。

比如今天只是同事之間的簡單分享，我們可以說「大家好」「各位同事好」「各位同仁晚安」。

如果今天是有主管在場的相對正式一點的場合，我們可以說：「各位主管、各位同事大家好。」

如果今天有層級較高的主管和重要嘉賓，那我們的問好

■ Part5　有即興：隨時隨地從容表達

要更加正式一些，我們可以說：「尊敬的各位主管、各位來賓，親愛的同事們，大家午安。」

寒暄：當我們面帶微笑地把第一句問好的話講完後，內心也會稍微放鬆一點。第二句，我們可以拉近距離跟現場觀眾寒暄一下。

Step 1: 問好
輕鬆場合 各位夥伴們，早安～
正式場合 各位主管、同事們，晚安～

Step 2: 寒暄
很榮幸可以來主持這次活動
很開心給我一個機會來分享

Step 3: 自我介紹
我是銷售部經理，王小二
簡單明瞭，用重要頭銜凸顯身分

比如我們經常聽到主持人在主持節目的時候說：「今天非常榮幸能夠主持這次活動。」我們同樣也可以用這樣的方式進行寒暄。

我們可以說「今天很開心能夠跟大家分享我的故事」、

「今天很高興能夠站在這裡跟大家一起分享」、「今天很榮幸主管給我這樣一次分享的機會」。

自我介紹：寒暄過後，我們需要根據具體的場合做自我介紹。如果是非常熟悉的場合，大家彼此都認識，那自我介紹就可以省去了。如果是相對陌生的場合，只要確定有人不認識自己，那就要做個自我介紹。此時此刻的自我介紹不必複雜，如果是在職場中，只需要把自己重要的頭銜介紹出來就好，以顯示自己的身分地位。我們可以這樣說：

「我是業務部經理王小二。」

「我叫張三，來自公司財務部，目前負責財務部門的日常事務。」

「我叫李四，是培訓部的培訓講師。」

以上就是開場常用的三步：問好、寒暄、自我介紹。如果大家在公司被臨時要求發言，要記得面帶微笑地說：

「尊敬的各位主管、各位同事，大家好。今天非常榮幸能夠有這樣的一個機會，在所有同事面前進行分享。我叫王小五，是公司的營運部負責人……」

這樣的表達簡單自然，通常一開口就會被更多人關注。

Part5　有即興：隨時隨地從容表達

即興表達如何製造高潮？
五招幫你贏得滿堂喝采

當有了一個好的開場之後，怎樣有一個好的內容能夠讓現場觀眾熱情喝采，也是大家關心的話題。在這裡我跟大家分享 5 個可以幫助大家在即興表達時讓觀眾產生共鳴，調動觀眾積極性的方法。

1. 互動提問

提問是最好的互動方式。即興表達時更要善用提問，因為提問的互動方式可以在調動他人積極性的同時，為表達者爭取思考的時間，掌握觀眾當下的反應，對講話內容做出適宜的調整。

提問大多分為封閉式問題和開放式問題兩種。

封閉式問題：答案可控的問題。如：是不是？好不好？對不對？能不能？答案無非就是 A 或 B。問這類問題通常比較好把控聽眾的答案。

開放式問題：答案不可控的問題。比如「大家對這次活

動的感受如何?」這個問題一出,觀眾的回答可能是五花八門的,表達者並不能預判回答者的答案。

所以,在一對多的表達中,建議大家多採用封閉式問題,因為答案可控,比較好把控現場。比如:大家希望自己收穫財富嗎?大家希望自己有個健康的身體嗎?大家希望自己表達時不緊張嗎?這類封閉式問題非常好掌控,也可以與聽眾產生很好的互動。

而開放式問題的答案因為不確定,所以不建議大家在人多的場合高頻率使用。但在一對一或者一對二這種人少的時候,使用開放式問題,有助於雙方思考,以及引導對方多說話,不至於冷場。

所以,多用封閉式問題來與聽眾進行問答,一來一回的互動可以讓現場氣氛更愉悅。

2. 擅講故事

關於講故事,我在書中曾多次提到,我甚至經常毫不誇張地說:「演講、表達,就是講故事。」因為人們喜歡聽故事,所以有故事表達才精彩。如果能夠用一個貼合當下的小故事來作為分享的內容,可以更好地使聽眾沉浸在故事之中,從而感同身受。

■ Part5　有即興：隨時隨地從容表達

3. 運用情緒

　　想要讓聽眾與表達者的情緒產生共鳴、達到共鳴，利用情緒的力量必不可少。很多表達者不太會運用情緒，整個表達平淡無奇，從頭到尾都是一個語言節奏，而且面部沒有表情，這樣很難調動觀眾的情緒。所以，要多運用情緒進行表達，開心就要表現出開心，難過就要表現出難過，憤怒就要表現出憤怒。甚至不是真的有這些情緒，而是演繹出這些情緒的感覺，做情緒的主人。

　　可能有很多人對於「做情緒的主人」這句話並不是很理解。我來舉個例子，我有個朋友是心理學老師，那個時候我們還住在同一個宿舍，當時我們約好第二天中午一起去吃飯。結果，第二天上午我在宿舍客廳看到她的時候，她正在對著電話發脾氣。這個場景我從來沒有見過，她在我們心目當中一直都是一個非常溫柔的女生，我還是第一次看到她發脾氣，都感覺有點瑟瑟發抖。我心想：「猜想這中午飯是吃不成了。」可當她打完電話後，她直接轉身看著我，非常開心地說：「走啊，吃飯去。」我驚訝地說：「你剛才不是在發脾氣嗎？還想吃飯嗎？」她：「哈哈，沒事，我沒有真的生氣，是剛才的情況需要我生氣。」我：「啊？厲害了，全靠演技啊。」

這個故事可以說明，其實人是可以利用自己的情緒去影響他人的。即興表達也要運用情緒的力量，以達到演講的高潮。

4. 降低聽眾期望值

臨時性的即興表達，往往會讓我們緊張，緊張有時候會影響我們的正常發揮。那在開場時可以提前說明，從而降低觀眾期望值。比如：

「主管突然間讓我來分享，我確實有點緊張，需要大家的掌聲鼓勵一下。」

越是降低身分，越是受歡迎，因為你降低身分後，大家的期望值就會變低，這樣只要你表達流暢，就是超出聽眾預期的表達，大家就會覺得你表達得非常好。

5. 善用自嘲

我曾講到，幽默是最好的互動手段，而自嘲又是幽默中「百搭」的方法之一。自嘲，就是透過抬高別人貶低自己來達到一種幽默效果。如果我們可以在表達的時候自嘲，就可以博得聽眾一笑，聽眾或許就會覺得這個表達者還挺有意思

Part5　有即興：隨時隨地從容表達

的，於是就會選擇聽下去。比如：

「我站在這裡，放眼望去，發現臺下的各位同事都是比我還要優秀的人，跟各位優秀的同事做分享我感覺非常榮幸。」

「熟悉我的同事都知道，相對於表達來說，我更願意埋頭苦幹。所以，表達這件事情我遠遠不如在座的各位，還需要跟在座的各位多學習一些表達技巧。但是就業務來說，我是專業的。」

「看到臺下的各位觀眾，我覺得你們比我強多了，因為我上大學的時候就知道玩，是絕對不會在這裡聽別人分享的。」

自嘲的方式可以讓表達者不露聲色地跟觀眾拉近距離，有時還可以博得觀眾一笑。

即興表達如何收尾？
一個技巧讓人聽了還想聽

　　當有了即興表達的開場 3 步、內容的 5 個方法後，如何收尾也非常重要。有很多人做即興表達時會有虎頭蛇尾的現象，也就是說前面發揮得非常好，但是在結尾的時候匆匆結束，給聽眾造成「好像還沒有講完」的錯覺。所以，好的即興表達，除了開頭和中間高潮部分外，結尾處也要重視起來。如何收尾才能夠更好地承接前面的內容呢？在這裡同樣給大家介紹 3 種收尾方法。

1. 引用詩歌

　　如果自己的內容儲備足夠，我們可以在結尾的時候，分享一些詩歌作為整個主題的收尾。比如，王德順老先生曾在演講的結尾引用了一首詩 —— 白樺的《船》，獻給了所有的奮鬥者。

　　「下面我用一首詩歌來結束我的演講。

　　我有過多次這樣的奇遇，

Part5　有即興：隨時隨地從容表達

從天堂到地獄只在瞬息之間；

每一朵可愛、溫柔的浪花，

都成了突然崛起、隨即傾倒的高山。

每一滴海水都變臉變色，

剛剛還是那樣美麗、蔚藍；

漩渦糾纏著漩渦，

我被拋向高空又投進深淵……」

當王德順老先生傾情朗誦這首詩歌時，又將演講推向了高潮。

如果我們平時感興趣的話，也可以儲備一些詩歌，在必要的時候分享，完美收尾。

2. 引用句子

如果說引用詩歌的方式有點難，那我們可以降低一個難度，引用名句作為收尾也是很好的選擇。這個句子可以是詩詞歌賦的一句，也可以是行業內部的，甚至是公司老闆、主管說過的經典話語。

比如，之前的《超級演說家》冠軍劉媛媛在演講《寒門出貴子》中，就引用了一句古文：「這個故事是有志者事竟

成,破釜沉舟,百二秦關終屬楚;是苦心人天不負,臥薪嘗膽,三千越甲可吞吳。」

用這樣的句子進行收尾,也能給整個即興表達加分不少。

3. 提問引發思考

如果覺得引用句子不好掌握的話,也可以用提問的方式,這種提問的方式只需要提出問題不需要聽眾回答,只引發思考而不必尋求回應。

《超級演說家》中曾經有一位叫劉耕宏的選手,他是歌手、明星,在比賽中自然也是演講者。他在《健身改變人生》這場演講中運用了提問的方式進行收尾。

「你現在追求的是什麼?你人生下半場想過什麼樣的生活?想每天起床圍繞身邊的是醫師、護理師,還是你的老婆、孩子?你想每一天穿自己喜歡的衣服,還是每一天穿著醫院的病服?你人生的下半場要怎麼過就看你怎麼選擇了。祝福在座的每一位。謝謝大家。」

其實,我一直都認為,表達的收尾並不是結束,而是新的開始,是對表達者立體認知的開始。

Part5　有即興：隨時隨地從容表達

飯局上突然被要求「講兩句」，怎樣說顯得不怯場？

很多公司都有聚餐的文化，在飯桌上當眾即興發言也經常發生。

在飯桌上發言跟在會議室中發言相比，實際上要輕鬆很多，因為飯桌上人與人之間說話的狀態，本身就相對輕鬆一些。所以，大家在飯局上被要求發言時也不必慌張，只要講以下3點就可以完美解決。

1. 感謝

首先，感謝不能少。不論是誰要求我們說兩句，都要感謝對方的邀請。可以嘗試這樣表達：「感謝王總給我這樣一個分享的機會。」或者說：「感謝劉總今天把我們大家聚在一起。」

2. 回憶

感謝過後，嘗試回憶。回憶是最能激起共鳴的方式。所以，在人多的時候，建議大家使用勾起大家回憶的方式來進

行表達，可以嘗試這樣說：

「還記得，上一次吃飯的時候也是劉總請客，當時您說了我們這個部門未來的發展方向，一下子就把我們大家的積極性都調動起來了，我這個做了快十年的老員工更是激情澎湃。經過劉總的不斷鼓勵，我們後來才能在業績上再創新高。」

勾起當時的回憶，最能夠賦予大家畫面感，帶動大家思考。

3. 祝福

最後，對所有的人表示祝福。可以嘗試這樣說：「最後，我提議大家舉杯，祝福在座的每一位都能夠幸福美滿，身體健康，荷包滿滿！乾杯！」

運用這個方法，假設客戶吳董在飯局上，邀請你說兩句，而你的身分是負責與吳董進行合作的專案經理。按照「感謝 —— 回憶 —— 祝福」來進行表達，你可以嘗試這樣說：

「首先，非常感謝吳董在百忙之中抽出時間跟我們在座的各位相聚在一起，還記得我剛開始聽說自己要接手吳董的業務時，內心是多麼激動，因為眾所周知，吳董在業界的影

Part5　有即興：隨時隨地從容表達

響力和能力都沒話說。剛開始我是既激動又緊張，但在跟吳董接洽業務的這些日子裡，我發現這麼厲害的人竟然沒有架子。之前我們這邊的接洽上出了一點兒小問題，我以為會影響到合作，但是吳董不但沒有責怪我們，還引導我們怎樣做才能達成雙贏。再次感謝吳董。這樣，我提議大家舉起手中的酒杯，祝福我們這次合作成功，也祝福在座每一位身體健康，事業高升！乾杯！」

　　掌握了「感謝──回憶──祝福」的表達方式，我們就能輕鬆應對飯桌上突然被要求「講兩句」的即興發言了。

臨時發表得獎，
如何做到面面俱到？

　　公司在舉行尾牙的時候，一定會表彰在這一年當中表現突出的團隊和員工。當我們作為員工或者優秀團體代表被表彰的時候，往往因為激動而不知道說些什麼好，甚至還有人緊張到一句話都說不出來。

　　發表得獎其實並不難，只需要一招就能搞定。在前面我跟大家分享了即興表達的開場，在獲獎發言時，我們也要注意把前面講到的開場部分的表達方式運用好。當我們知道如何發表即興開場的 3 個步驟之後，心裡便無須再考慮開場的事情，而是想著一會兒要表達的主題是什麼，並用一個詞或者兩個詞來概括這個主題。這就是即興發言中最好用的方法 —— 關鍵詞法。

　　在發表得獎時要活用關鍵詞法，並結合獲獎場景。基本上我們至少可以總結出一個詞：感謝。如果覺得一個詞太少，再加一個詞也可以，比如再加一個期待。

　　比如我們可以嘗試這樣說：

Part5　有即興：隨時隨地從容表達

「尊敬的各位主管、各位同事，大家好。非常榮幸可以獲得優秀員工獎，其實我非常意外，並沒有想到自己可以獲得這個獎。我覺得此時此刻我站在這個領獎臺上內心只有兩個詞想要跟大家分享，一個是感謝，一個是期待。感謝大家一直以來對我的支持，余董作為董事長很關心最基層的員工，經常來我們部門進行指導，甚至找我們談心。此外，我能夠有今天的成長也離不開各位主管、各位同事對我的關照。感謝大家。第二個是期待，我對我們的公司一直抱有很高的期待，因為這家公司給我最大的感覺就是希望，有希望的企業才是我們每一位員工想要為之長期努力的企業。我相信大家跟我一樣，一直期待著公司能帶給我們更多的希望。最後，祝福在場的每一位主管和同事在新的一年裡事業有成，家庭和睦。謝謝大家。」

面對會議上突如其來的提問，如何清晰回應？

在職場上有一部分人，很害怕在工作彙報等會議上被主管提問。甚至有人說：「主管只要在會議上打斷我說話並且向我提問，我就不知道接下來該說些什麼了。」你是不是也有類似的情況？

首先，我們需要想一下，主管為什麼在會議場合打斷我們的正常彙報？根據我多年的經驗，我發現主要原因無非有兩種：第一種是我們沒有講清楚；第二種是我們沒有講到重點上，也就是缺少重點。

很多職場人在進行工作彙報的時候，之所以被主管打斷思路，大多都是因為沒講清楚。比如當我們沒有把數據的來源講清楚，主管就會打斷，問：「這個數據哪裡來的？」主管這樣提問的主要原因是他不知道前因後果。此時，以數據問題為例，我們只需要解釋 3 點就可以。

(1) 這個數據是代表什麼的數據
(2) 這個數據是怎麼得出來的
(3) 這個數據對未來有什麼用

Part5　有即興：隨時隨地從容表達

比如，在我們要彙報的數據中，有一個數據是「增長20%」，那我們就要跟主管解釋一下，比如說：「主管，我們這個月的業績較上個月相比增長了20%（代表什麼）。這個數據是我們的後臺系統統計出來的。近一年來，『增長20%』是我們公司目前最好的成績（怎麼得出來的）。我想『增長20%』對我們整個部門都造成了一個很好的激勵作用。我們總結了這個月的工作方法，發現是因為我們的工作方法優化了，這個數據才有這樣大幅度的增長，我們願意把經驗分享給各個部門（對未來有什麼用）。」

當我們按照這個方法解釋完畢之後，可根據實際情況看要不要繼續講下去，不一定要立即過渡到下一項內容上。我們可以在講解完畢後停頓一下，看向主管，用眼神或者話語確認主管是否聽懂了，或者主管有沒有其他問題，做到清楚、主動地掌控節奏。

所以，被主管打斷不用慌，只需要明白這可能是因為我們在某些地方沒有講解清楚，停下來再講一次就好了。

面對會議上突如其來的提問，如何清晰回應？

國家圖書館出版品預行編目資料

縱橫職場的說話藝術，每次交流都代表機會：學習機智應對問題，提升表達能力，在工作中無往不利 / 于木魚 著. -- 第一版. -- 臺北市：崧燁文化事業有限公司, 2024.08
面；　公分
POD 版
ISBN 978-626-394-694-1(平裝)

1.CST: 溝通技巧 2.CST: 說話藝術 3.CST: 人際傳播
177.1　　113012067

電子書購買

爽讀 APP

臉書

縱橫職場的說話藝術，每次交流都代表機會：學習機智應對問題，提升表達能力，在工作中無往不利

作　　　者：于木魚
責任編輯：高惠娟
發 行 人：黃振庭
出 版 者：崧燁文化事業有限公司
發 行 者：崧燁文化事業有限公司
E - m a i l：sonbookservice@gmail.com
粉 絲 頁：https://www.facebook.com/sonbookss/
網　　　址：https://sonbook.net/
地　　　址：台北市中正區重慶南路一段 61 號 8 樓
8F., No.61, Sec. 1, Chongqing S. Rd., Zhongzheng Dist., Taipei City 100, Taiwan
電　　　話：(02) 2370-3310　傳　　　真：(02) 2388-1990
印　　　刷：京峯數位服務有限公司
律師顧問：廣華律師事務所 張珮琦律師

-版權聲明-
本書版權為樂律文化所有授權崧燁文化事業有限公司獨家發行電子書及紙本書。若有其他相關權利及授權需求請與本公司聯繫。
未經書面許可，不得複製、發行。

定　　　價：299 元
發行日期：2024 年 08 月第一版
◎本書以 POD 印製
Design Assets from Freepik.com